# 面對生命的十個感動

ONE BOOK      TEN LIFE

ONE BOOK EN LIFE 3

# 面對生命的  個感動

10 個因為感動而轉動的生命故事 ＋
10×10 句感動生命的話語，
一同與你化感動為行動。

統籌／卓天仁
作者／王譽霖、杜融亭、林子立、周念暉、許朝淵
　　　黃嘉倫、陳振中、陳霆遠、馮儀慧、楊玉平

# 有感動才會行動

　　【ONE BOOK TEN LIFE 系列】定位為華人界的心靈雞湯，從第一本翻轉人生的十個「態度」，到鼓舞人心的十個「勇氣」，再到面對生命的十個「感動」，不分國界、不分產業、不分性別、不分年紀，把不同的角落正能量的故事，透過文字的善力量，已累積了三十位各領域作者群的故事及經歷，身為統籌與經紀的我也倍感榮耀。而系列書籍的第三本以「感動」做為核心，本書的十位作者有三位來自馬來西亞，一位來自緬甸，一位長期在中國深耕，五位是臺灣的作者，每一位作者的故事都相當令人感動，這部份需要由你自己好好的閱讀這本書。而系列書籍的每一位作者故事，也呼應了【ONE BOOK TEN LIFE 系列】的核心精神：「每一個人的生命，都有令人感動及啟發的故事！」

　　正是這樣，我常常開完笑的說，想感動別人之前，先要能感動自己。如何感動自己？我認為最為重要的關鍵：就在你身上。我非常地肯定，每一個人都不是莫名奇妙的來到這世界上，每一個人都是獨一無二的，正因如此，每一個人的生命都有令人感動的故事及經歷。

## 重要的關鍵 1：你是否願意分享出來給更多人知道？

　　如果，在你看過【ONE BOOK TEN LIFE 系列】書籍，有被其中任何一位作者的故事所感動的話？那我就要請你好好地想一想？你是否也可以把自己的故事寫出來，去感動影響更多的人。

　　當然，也許你會說：我還沒準備好、我的故事不夠精采、我不會寫、我可以嗎、我只是個無名小卒、我年紀很輕、我剛出社會、我已經退休了等等，你可能有著各式各樣千奇百怪的理由，這我不會怪你。因為，這是人之常情，畢竟要把你的故事公諸於世這件事，是需要極大的勇氣以及正確的態度。你可以一輩子都按照目前自我的想法來生活，你的堅持以及一直以為是的心態，沒有對或錯？只是，你就必需去接受目前的現況，千萬別

有任何的抱怨！因為這就是你自己造成的結果。

但是，你也可以換個想法？效法書上的每一位作者。我想告訴你一個「超級祕密」，就是有參與【ONE BOOK TEN LIFE 系列】的作者，他們都藉由出書這件事，直接間接幫自己帶來更大的改變及效益，你可以試著在網路上去看看這些作者正在做的事，或是，你也可以試著去聯絡一些作者，問問他們參與書籍所得到的收穫？相信我，你只要去求證一下，你將會看到更不一樣的世界。而這一切都是來自於你的行動，也是另一個「感動」的關鍵。

### 重要的關鍵2：你必需下定決心告訴自己開始行動吧！

有行動才會有感動。

感動與行動，就像是陰與陽、正與負一樣，當你有感動的時候就要採取行動，有行動就能創造出感動，是互動影響互相融合的，一體二面缺一不可。

為什麼那麼說呢？主要是：我見過太多行動卻無法得到預期結果的例子，舉例：在相同的產品、相同的專業、相同的制度及福利，但在不同的人卻總是會有不一

樣的結果呢？我發現到的是「感動的強弱。」什麼是感動的強弱？簡單地說就是：你對於行動中的元素，自己的感動到達什麼程度？

如果，你今天的行動是要銷售一個（產品），那我就要問你，你對這個產品自我感動的程度，0分到100分你打幾分？如果你的答案沒有超過100分，那我必需跟你說，這就是感動的強弱還沒到位。因為，我所看到極為成功的人，他們都有一個共通的特質，那就是對於自己認同的人、事、物，都是充滿著百分之百的感動，達到「激動」的境界！那種在外人的眼中有點像是發瘋的表現。有句順口溜：「想成功；先發瘋」。哈哈⋯⋯就是這種超過百分百融入在感動中的關鍵，讓每個人的結果產生不一樣的結果。

而你也必需要好好的思考一下？如何把這份的感動（你所認同的人、事、物）融入在行動中，記得要超過百分百的感動，到達激動的程度。相信我，當你到達這樣的程度，在接續的行動中，所見到的都是創造出無比效益的結果。

面對生命的十個感動

**重要的關鍵 3：讓自己在感動中，達到激動的程度！**

好還要更好，青出於藍勝於藍，感動也是一樣，感動自己要勝過於感動他人！

當在行動中，你如果能達到激動的程度，接下來就開始要往「轉動」的層面前進。轉動是加速器、是倍增的過程、是讓你帶來更大成效的關鍵。

轉動是在行動中累積，所創造出具體結果的展現！是把感動的元素，藉由行動真實的結果轉化為：文字、圖像、影片、見證、數字、話術、體驗、銷售、行銷、訓練、領導、系統、模式等等，讓「感動開始轉動」。就如同 ONE BOOK TEN LIFE 系列書籍，運用了文字力量把每一位作者，生命中獨一無二感動的故事，透過書籍的方式在世界轉動，同時，也期待更多的作者可以藉由書籍去轉動世界。也是我統籌經紀【ONE BOOK TEN LIFE 系列】書籍的核心理念：讓世界看到更多的華人。

**重要的關鍵 4：具體的轉動；讓真實的感動更加的擴散！**

如果，你能認同我的理念？真的透過【ONE BOOK

TEN LIFE 系列】系列書籍中，不同作者的故事而有所感動，也許是時候了——是你，也可以把你的故事成為感動別人的元素；是你，也可以藉由你的經歷來轉動世界的契機。

感動募集【ONE BOOK TEN LIFE 系列】書籍作者，請把你的個人簡介以及連繫方式，MAIL 給我（MAIL：beyondtim@gmail.com），讓我們一同為：讓世界看到更多的華人，努力！

華人出版經紀人

卓天仁

面對生命的十個感動

Content

目錄

面對生命的十個感動

# Life Story

## 學習感恩持續創造感動
## 幫助更多夥伴翻轉命運

—— ASEA 美商安司雅臺灣分公司王鑽感恩團隊負責人

王譽霖

# 關於 王譽霖

**現任》** ASEA 王鑽感恩團隊負責人

**專長》** 幫助團隊上激勵課程及教育訓練課程，協助夥伴早日達成人生目標，例如：成功八部心法、絕對成交、如何月入百萬、如何尋找大客戶，以及自創十二大成功的關鍵，包含：選擇、行動力、放手一搏、熱情及興奮、學習、時機點、貴人相助、夥伴、信念、頂尖的產品、系統（市場計畫）、聚焦。

**經歷》** 2018 年　ASEA 全亞洲、全臺灣業績第一名
2019 年　ASEA 百萬美金俱樂部成員
2019 年　全球華人第一位三鑽大使

**目標》** ◎三年內幫助一百位夥伴成為公司閃亮的鑽石，目前已達成三十位鑽石領導人
◎讓十萬個家庭受惠，認識 ASEA 公司的產品與市場商機，翻轉自己的命運

**座右銘》** 我永不放棄，不管順境、逆境，
我都全力以赴，勇往直前。

**聯絡方式》** https://www.facebook.com/profile.php?id=100006220502764

# 「想成功，就要站在前人的肩膀上，站的更高才能看得更遠。」

—— 王譽霖

在別人眼中，大家說我是個溫文儒雅、樂於助人的代表。我是在眷村長大的孩子，後來投身軍公教工作，以往的生活可說是與世無爭，平常作息就上班、運動、打牌，幾乎是平凡淡如水，甚至原本以為這一生的命運軌跡已註定好，人生不會有太大的刺激跟起伏。

但你相信嗎，我曾經是沒有目標的人，但直到有一天，我訂下人生第一

個目標：「我要月入百萬！」為什麼會有如此大的轉折？讓我娓娓道來奇蹟的故事。

## 饅頭山上的孩子，直到有天發現新世界

有個「饅頭山」故事，主要說主人翁從小出生長大在一座饅頭山上，他早上吃饅頭、中午也吃饅頭，到晚上還是吃饅頭因為饅頭山上只有饅頭，身邊所有鄰居、身邊親友都告訴他：「饅頭好、饅頭棒、饅頭呱呱叫，一輩子活在饅頭山就可以過著幸福的日子。」而我，就是這位主角，從小在眷村，所有鄰居告訴我當軍公教人員如何好、如何棒、如何呱呱叫，所以長大後順其自然去投考軍公教的工作，一晃眼二十年都在裡頭。

但是生命中很奇妙，因為我在原本的單位表現不錯，而被調到台北總部 —— 從那一天開始，我離開了饅頭山，走到外頭，看見了新世界 —— 以前只能吃饅頭，現在卻有炸雞、炒飯、義大利麵在眼前。在新的環境裡，我認識了一位非常熱情的大姊芳鄰，當時我住十一樓，她在七樓，每回看到我，就叫我去她們家參加家庭聚會。

> **@感動的一句話**
> 與其我自己付出 100% 的努力,
> 我寧可讓 100 個人為我付出 1% 的努力。

　　大姊跟她幾位好姊妹什麼話題都能聊,而且十句總有八句離不是她們最近接觸的生意。老實說,剛開始我看不懂她們在幹嘛,也看不起。只聽她們說在賣美商保養品,每個月還能賺個新台幣一～兩萬元 —— 那是我第一次知道「直銷事業」。當時的我,還是覺得軍公教工作好、又穩定,一個月收入還可以有台幣五萬多元,但去掉房租後所剩無幾,只可溫飽也存不到什麼錢,想買房子門都沒有。

　　但奇妙的事情發生了。自從聽她們開始做生意後,不到半年的時間,大姊們的收入全部超過我。一年多以後,我的鄰居大姊已經做到月入新台幣百萬元以上,成長速度之快,真是令人超級吃驚!

　　當時的我深受震撼,心想:為什麼她們可以月入百

萬？

　大姊的臉上有兩大塊蝴蝶斑，這樣的劣勢卻能讓她做美容產品風生水起，我臉上又沒有長斑，不是更有優勢嗎？而且她可以月入百萬，為什麼我不能？

　伴隨這樣想法，覺得她能，我也能，就帶著一探究竟的心情，跟著她去聽內部課程。當時的課程是一位從國外來的領導者，親自到臺灣上課。沒想到聽完那堂課後，改變了我的一生。

## 立志人生第一個目標，卻被周遭人嘲笑

　那堂課中主講者在台上問：「你們知道為什麼我可以月入百萬嗎？你們知道祕密關鍵是什麼嗎？」他突然手中拿出一大疊折疊的名片往空中一撒，紙張如雪花般到處飛，一瞬間彷彿對我的腦袋開了光。

　他說：「成功不是你一個人，你要有團隊，需要有經銷商、需要夥伴，要懂得開連鎖店的思維。」

　他接著說：「你們看這些名片都是我的夥伴、我的連鎖店名單。」那一瞬間，我深受震撼，突然間被點醒，想起過去在饅頭山所見所聞的限制，不知道自己到底有

面對生命的十個感動

什麼能力可以賺取財富。此刻，我突然知道，賺錢是需要建立團隊、需要規模，「與其我自己付出 100% 的努力，我寧可讓 100 個人為我付出 1% 的努力。」這是全球首富 —— 約翰‧戴維森‧洛克斐勒（John Davison Rockefeller）說的名言。

於是，我設定人生第一個目標叫做「月入百萬」！

這個目標一設定後，我回到工作單位告訴同事說：「我要月入百萬的決心！」每個同事都笑我神經病。然後，我跟長官說我要辭職，申請提早退休，也被長官罵個半死，他念我說：「你年紀輕輕的，這麼快就想退休，你退休後要做什麼？」剛開始他還不准我退，不肯簽核我的申請單。

最慘的是，我跟家人說我的目標，每個人聽完後都說我瘋了，跟神經病一樣，這麼好的工作別人打著燈籠都找不到，我卻想輕易要放棄公家機關的職缺，我到底在想什麼，發什麼瘋！

### 踏出舒適圈從零開始，強烈成功信念支撐前進

當然，要踏出舒適圈的那一步，想要成功是需要下定

決心放手一搏，更需要時間練功。

　　辭職後，沒有人脈、沒有好的項目、沒有平台，當然不可能月入百萬，中間要經歷許多過程。初期跟朋友投資，自己沒經驗，幾個月就賠掉台幣一、兩百萬元，沒多久退休金就全賠光。儘管家人心慌、我也感到無奈，但我知道這是過程，我也堅信我一定會成功，並告訴自己要保持這個信念。當時很多人覺得，我怎麼把自己的人生搞成這樣，甚至那時老婆、家人非常不諒解。

　　換言之，剛開始沒人脈要在市場上成功真的非常不簡單，但是，我沒有氣餒，也沒有後悔自己做這麼大改變的決定。我想最重要的原因在於，我有一股非常強烈想成功的信念。

　　我告訴自己想成功，就要站在前人的肩膀上，站的更

**@感動的一句話**
想要成功是需要下定決心放手一搏，更需要時間練功。

面對生命的十個感動

高才能看得更遠。

於是，我開啟了一連串的自我修煉學習之旅。

我主動去上很多大師的課程。也在課堂上非常專心聆聽，努力做筆記，把各家的精髓都吸收。上了一連串課程，一點一滴讓我的想法、我的策略、我的行動也開始改變。

印象中，我聽過非常多臺灣、海外許多知名老師的課程，包括陳安之、林偉賢、梁凱恩、許伯愷、喬・吉拉德（Joe Girard）、羅傑・道森（Roger Dawson）、馬克・韓森（Mark Hansen）、傑・亞伯拉罕（Jay Abraham）、約翰・庫提斯（John Coutis）、馬修・史維（Marshall Sylver）等等，從夥伴拉著我去上，到我主動找尋課程資訊，課程主題從優勢談判、心靈雞

---

**@感動的一句話**
告訴自己想成功，就要站在前人的肩膀上，
站的更高才能看得更遠。

湯、領導力、成功學、潛能激勵都有，只要各種我覺得
能學到知識、能衝擊我想法的課程，我都會排開各種困
難，義無反顧去上課。

### 展開自我學習之旅，沒錢聽課卻能遇上神蹟

但是，這些課程都不是免費，而且往往一堂課還不便
宜。

如同《牧羊少年奇幻之旅》裡說：「當你真心渴望某
件事時，全宇宙都會聯合起來幫助你。」也因為我親身
經歷過，因此直到現在，我仍會到處跟大家分享這段特
別的經歷。記得十多年前，我剛開始想做生意時，因退
休金賠光，身上幾乎沒有現金，但還是很想去上課。那
時馬克·韓森來臺灣國際會議廳演講，一天門票要新台
幣八千多塊。

當時我身上真的沒有錢上課，卻讓我遇到一件非常神
奇的事。

那時我剛成為基督徒，生活中三不五時就會跟主耶穌
禱告，我告訴祂，我非常渴望上課，我知道學習是非常
重要的事。

活動當天早晨六點鐘，我一個人站在馬路旁禱告，我想說就算不能進去聆聽課程，至少也有去門口換名片的機會，絕對不要錯過任何一絲希望。我跟主耶穌請求說：「我今天想去聽一門非常棒的演講，但沒有錢無法進去。」接著，我禱告著：「哦！主耶穌！讚美你！你是那萬王之王！萬主之主！在你沒有難成的事，我好想聽這場非常棒的演講，我沒錢買票。主阿～求你送我一張票。」

禱告完十秒鐘後，剛好馬路邊有一台計程車突然停下來，他知道我要搭車，我上車後告訴他，我要到國際會議中心。神奇的事情發生了，計程車司機突然轉過頭，問我說：「你是要去這個會場參加會議嗎？」

我回答說：「是的！」接著他手上遞來兩張票說：「我這裡有兩張票送給你。」當時我非常震驚，心想一張要新台幣八千多元的票，怎麼會從天而降？真的是不可思議！才短短十幾秒鐘的時間，我手裡已經拿著兩張票，這真的是太神奇了！

接著我心想：「會不會是假的票？」所以，我到了會場時，巧遇我的事業夥伴，他一看到我大喊：「譽霖！

趕快乖乖去買票，我們一起去聽課！」

　　他講完，我馬上跟他借了一張票，然後拿著計程車司機給我的票，兩張票一對照，發現一模一樣！我嚇呆了：「這是真的票呢！」

　　夥伴看到我手上有票，暴跳如雷地說：「你太不夠意思了，為什麼不跟我買票呢！」

　　我說：「我沒有跟別人買啊！」他問我票從哪裡來？我說：別人送的。他接著說：「笑死人了，誰會送你票，給我從實招來！」我忽然想到，原來是主耶穌送給我的。

　　於是，我一五一十地把早上的遭遇告訴他。這個故事，除了他知道外，當天十幾位朋友聽我講完這神奇的故事，大家都覺得不可思議。而且沒想到，那位夥伴最

> **@感動的一句話**
>
> 成功，除了機運，也需一些關鍵。

後也跟從了主耶穌。

## 沒有雙腿都能做，我們沒有資格「做不到」？

回憶這則故事，我想最大原因就是我渴望學習，即使沒有錢，我都還想出門去現場試試看。一路走下來，我學了一身的功夫。因為，成功，除了機運，也需一些關鍵。

很多人看到別人成功，覺得都是「運氣好」，卻不了解「成功關鍵」。

我從很多老師、前輩身上找到成功的精神，就像約翰·庫提斯的演講主題：「別說不可能」── 他失去了雙腿，還能把生命活得如此堅強、這麼精彩。一位有殘缺的人都能做到了，對於千千萬萬有腿、有手的人，怎

麼可能會做不到呢？是不是該反省是自己的問題？

透過學習，慢慢讓我的技能一路成長，當時設定的目標也沒有忘記。我加入第一家美商公司後，賺到人生第一桶金，業績做到第一名，整個臺灣 80 ～ 90% 比例都是我的下線。

幾年後，我實現了月入百萬的目標，而且目標慢慢變成習慣，如果當月沒賺到百萬，反而變成不可思議的事。

開拓業務、當領導的過程，我都跟我所有夥伴、團隊說：「我們就是第一名」。我都用「沒有人是自己的對手」的信念訓練大家，相信自己、肯定自己。慢慢的團隊也會相信這是真的，並讓目標達成。這就是我想傳達的「超級成功信念」之重要性。

我在上課過程中，常常與夥伴們分享：為什麼我的業績能達到第一名？明明市場有這麼多比我優秀的人，為什麼我還能保持名列前茅？

我剖析許多因素，最後統整出四大原因：

第一、一開始大多人因缺乏資訊看不見。

第二、有些自認自己能力很強而看不起。

第三、有些人看不懂產品的魅力及市場商機。

第四、有些人終於看懂了，但也來不及了。

所以要成功，還能當第一，必須從這四個面向都出類拔萃，才能成為人中龍鳳。

## 邁向成功千百種，但失敗者永遠有藉口

跟著大師學習後，我更相信：想要成功，一定比別人更努力、做別人不願意做的事情，並且要親自熬過各種困難、痛苦才行。「成功」二字筆畫簡單，但事實又並非如此簡單，從別人角度看好像很輕鬆，但其實大家都只看到海平面上的一角冰山，更多看不見的基石，是自己在夜半要獨自忍受，甚至一路走來必須比別人更辛苦、更要努力。

所以，成功的方式有許多樣貌，但我也發現：會失敗的人卻都有相同特質，就是為自己找藉口。

記得約二十年前，剛好有一家直銷公司來臺灣開始拓展，我在說明會聽到上他們介紹這個飲料產品是來自上帝的禮物。因為我信主耶穌，覺得與上帝有關，是不是一種隱喻一定要我投入？於是，我抱持興奮的心情，帶

著上帝的使命展開新事業。

後來我詢問身邊的一位朋友：有沒有興趣一起嘗試新機會？

我興致高昂去找他，卻沒想到換來興致缺缺的回答。他問：如果公司還沒有正式落地，他不要做；這個產品他沒有親自試過，不知有沒有效？如果真的有效，會不會賺到錢更是未知數？……等等。最後他說：「如果公司來了、產品證明有效、你也賺到錢你再來找我。」

三個月後，公司在臺灣設立，整個說明會場大爆滿，我在第一個月的收入約台幣二十幾萬元。我非常興奮，覺得各項條件都符合他提出的要求，便又再問他：「你要不要一起來做？」

沒想到，他冷冷說了一句我這輩子都忘不掉的話，也

---

**@感動的一句話**

想要成功，一定比別人更努力、做別人不願意做的事情，
並且要親自熬過各種困難、痛苦才行。

面對生命的十個感動

是經典失敗名言，他回應：「譽霖，人都被你找完了，我還能做什麼？」

這句話背後的意思是：「市場機會、周邊人脈都被你搶光了，我還能有什麼機會？」這時我才發現：不會成功的人有著共同特質，就是永遠無法踏出那一步。而且類似的話，在我爾後的生命中，一直遇到。

工作這二十幾年來，我總是抱著樂觀、興奮心情與朋友分享，但往往接收到的回答不外乎是不敢冒險、不知道產品性能、怕投入後不能賺到錢……等等各式各種的藉口都會出現。

二十年後，我在 ASEA 美商安司雅臺灣分公司，同樣請一位朋友來公司參觀時，看到會場牆上掛滿了各種鑽石照片的表揚，他說：「哇！你們公司搞得這麼盛

### @感動的一句話
成功的人找方法，失敗的人找藉口。

大、生意這麼好，場場爆滿呢！」於是，我問他是不是想加入了？沒想到他同樣回答我這句失敗名言：「譽霖，人都被你找完了，我還能做什麼？」

這樣情節總是一再上演，因此有一句話我認為很寫實：「成功的人找方法，失敗的人找藉口」。

很多人為什麼無法成功？因為他們不敢冒險，只想走最安全、最平穩的那條路。看到別人成功想嘗試時，往往機會已經不見了。又或是他們總為自己開脫各種理由，不想吃苦，這樣的人當然不會成功。漸漸地我發現：失敗的人總是猶豫不絕、沒有信心、沒有行動，但成功的人卻總是掌握「現在、立刻、馬上行動」。

## 嘲諷、暗黑都體驗過，唯有人品決定自己高度

一路走來，我也經歷許多挑戰，忍受別人耳語或被別人瞧不起。我參加扶輪社、獅子會、各類企業家聯誼會，各種社團，社團內來自各行各業的經營者，每次聚會大家侃侃而談公司經營狀況、產品計畫，唯獨我不能談。因為很多人對直銷網路事業有著刻板印象，甚至非常排斥直銷，彷彿我一談起自己的事業，馬上就被打入

黑五類,甚至在背後取笑我。這種的言論攻擊十幾年也沒有少過,不過也交了許多好朋友。而且我最認同扶輪四大考驗:一、是否一切屬於真實?二、是否各方得到公平?三、能否促進親善友誼?四、能否兼顧彼此利益?剛好與我的理念一致。

除此之外,做生意也會碰到人性的一面,也就是「搶線情況」。

我曾經有一位上線,起初窮困潦倒還借他錢,我看他可憐想幫助他,每次需要我的時候,就跟我稱兄道弟要我支持,也因為我的加入讓他賺到很多錢。但他發財後,現實醜陋的一面馬上出現,完全六親不認,有錢也不還,甚至看到我的下線很優秀就要我介紹,但私底下卻跟別人談條件,一次、兩次、三次的背叛,讓我決定出走,也讓我更體會到什麼是「日久見人心」。

於是,我決定不跟這種人合作,我認為選對人、選對夥伴是非常重要的事情。這個事件給我很大教訓,一定要跟誠實正直的人合作。即使能力再強、人脈再廣,我都要看人品才決定是否合作。

## 累積成功經驗再複製，再次攀上人生最高峰

有酸苦，當然也有甜美的果實。因為很多夥伴與貴人在旁邊扶持，以及對我的信賴，讓我一路走來獲得許多支持。我現在加入 ASEA 美商安司雅臺灣分公司（以下簡稱「ASEA」）這間企業一年多，把過去累積到的成功經驗再次複製，所獲得的成績又帶領我跟團隊再次攀上人生最高峰。

目前我在 ASEA 做到全亞洲、全臺灣的第一名業績，成為百萬美金俱樂部的成員、以及是全球華人第一位三鑽大使。ASEA 在全球三十多個國家有據點，創辦人 Verdis Norton 先生的創業信念是相信我們能改變世界，透過心中的愛，成為世界上的一股善的力量。被金氏世界紀錄認列為「全世界最偉大銷售員」的喬‧吉拉

德（Joe Girard）曾說：「成交一切都是為了愛」。

在 ASEA 一年多的時間裡，在業績表現上能夠成為亞洲第一，也是仰賴過去參與過許多大師的課程，練就一身功夫來帶領團隊所達成的表現。我會幫團隊上激勵課程，我很少講產品的效用來換取成交金額或業績達成，反而透過激勵的方式、教育訓練課程等等，運用「三分靠產品、七分靠系統教育訓練」的業務經營方式，反而成為這個行業最獨樹一幟的亮點。

我吸收各家心法後，濃縮出我自己一套的成功八部心法，還有絕對成交、如何月入百萬、如何尋找大客戶等課程，以及自創十二大成功的關鍵，包含：選擇、行動力、放手一搏、熱情及興奮、學習、時機點、貴人相助、夥伴、信念、頂尖的產品、系統（市場計畫）、聚

**@感動的一句話**
成交一切都是為了愛。

焦。

　如果光看這十二大關鍵，可能不是很清楚裡面的精髓，因此正好邀請大家親自跟我學習及指導如何實踐這十二項指標。

## 越懂得感恩越容易成功，幫助更多人翻轉自身命運

　我現在團隊取名為「ASEA 王鑽感恩團隊」，最重要傳遞二件事情：一是成功的信念，另一個就是要有感恩的心。因為，我發現越懂得感恩的人越容易成功，所以我非常注重夥伴的互動以及彼此之間的合作關係。夥伴之間若有感恩的心，就比較容易建立起彼此的互信互賴基礎，如此一來夥伴才會相互扶持，一起走向成功，而我所做的一切努力就是希望幫助他們成功。

　沒想到，有這樣的意識之後，我更加體會到不能只有自己賺到錢，更要幫助夥伴一起能成功，賺到錢，才能獲得雙倍的成就感及開心。我有一位非常優秀的夥伴文娟，過去不了解跟對人、跟對團隊的重要性，上一家公司就是跟錯了上線，雖然自己很努力，但平均月收入才新台幣一萬多元。她說這次終於跟對人，所以月收入超

> **@感動的一句話**
> 越懂得感恩的人越容易成功；
> 越計較的人想要成功，就越容易處處受限。

過百萬元之多，成長超過 100 多倍，最近也在台中市買了一間豪宅，這聽起來是多麼令人開心的事情啊！

我發現：越懂得感恩的人越容易成功；越計較的人想要成功，就越容易處處受限。在工作路上我帶著感恩的心，感謝神的恩典，感謝一路上貴人朋友拉我一把，感恩我所有的夥伴有你們真好！

同時，我也感謝那些曾經背後捅我一刀、攻擊我的人，因為有他們的鞭策讓我更努力。俗話說：「不招人忌是庸才，總招人忌非英才」，相信是越耀眼的人就容易成為眾矢之的，自然成為別人攻擊的目標。因此，想要成功的人一定要能忍受別人的眼光跟耳語，走出自己的一條路，才是正途。

面對未來的計畫，我已經畫下藍圖，我希望在三年內

幫助一百位夥伴成為公司閃亮的鑽石，目前已經達成約
三十位鑽石領導人，相信實現的時間可以更加縮短。同
時我也目標讓十萬個家庭受惠，透過認識 ASEA 公司
偉大神奇的產品與巨大的市場商機，翻轉自己的命運，
讓生命更加美麗、更加無限美好。

## 2
## Life Story

# 無懼癌症仍奮力展翅的天鵝
# 病後追求多彩斜槓第二人生

—— 初芷形象美學管理中心創辦人

**杜融亭**

# 關於 杜融亭

**現任》** 初芷形象美學管理中心創辦人

**專長》** 喜歡研究投資理財,目前也投入房地產、美股等投資領域。更喜歡與人在一起,分享好的生活理念與價值觀

**經歷》** 1981 年生,台北人。追求幸福的實踐者,實現夢想生活的女性創業家。曾任 7 年以上美商公司組織行銷中高階領導人,藉由人際網路事業創造出單月最高新台幣 50 萬以上的收入。曾經遭逢大病,痊癒後的人生有了 180 度的改變,也學會了如何與自己的身心對話及保持平衡的生活模式。目前也一直致力於透過網路行銷方式自創品牌來提倡女性也可以是生活創業家的理念,期待在自己進步與成長的同時也能帶給他人更多的知識與分享,共同學習,遇見彼此心中更好的自己!

**事蹟》** 2010 年　加入如新
2012 年　和先生一起創立第一個華人 642 系統的線上商學院
2013 年　創立個人美容事業品牌
2014 年　榮升如新資深總監級品牌大使
2015 年　罹患乳癌
2016 ~ 2017 年　開啟為期 1 年半的治療之路
2018 年　透過網路平台成立自己的 IP

**座右銘》** **最棒的夢想,就是擁有持續不斷進步的自己**

**個人網站》** https://juliatu.com/

**聯絡方式》** julia@juliatu.com

面對生命的十個感動

# 「保持信念，它是你需要小心呵護的重要寶藏！」

## —— 杜融亭

要有勇氣去追隨你的心和直覺。它們總是知道你真正想要成為什麼。

你還記得自己三十歲的模樣嗎？我在快三十歲時候，跟許多人一樣還看不清自己的方向，對職涯也還在掙扎。但我很慶倖，在迷惘中找到自己的價值及自信。正當我以為正在破繭而出的時候，一場突如其來的重病，讓我重新省思自己。

我是杜融亭，這是我的故事。

　　最有一首流行歌叫「三十而慄」，由歌手郁可唯演唱，姚若龍作詞、彭學斌作曲，如此描述現在人對三十歲的彷徨，歌詞如此寫：

**「他走過三十越來越恐慌／怕節節敗退征討變流亡／怕同學名片個個都響亮／怕怨天尤人慢慢變日常／怕活成一隻陀螺去不到遠方」**

　　我第一次聽到這首歌，好有感觸，馬上掉進回憶，想起自己快接近三十歲的時光。那時我就跟許多人一樣，沒什麼野心、對事業沒有太多想法，好像被時間巨輪推著走。人生要何去何從，其實沒有具體的藍圖規畫。

　　但你看完我的故事，就會知道為什麼，我會如此相信這句話：「保持信念，它是你需要小心呵護的重要寶藏！」

### 年輕找不到方向？別怕，勇敢去嘗試吧！

　　我在十六歲的時候父親因癌症離世，留下我和母親兩人相依為命。大學為減輕媽媽負擔，我用盡辦法，想找最少時間達到最大效益的工讀。從大學時候我開始展現自己活潑個性，當了好幾任班代，不怕與人相處是我與

> ### @感動的一句話
> 與其我自己付出 100% 的努力,
> 我寧可讓 100 個人為我付出 1% 的努力。

生俱來的天賦吧!

　　那時家裡附近的兒童美語在招生,看上時薪高優點,天時、地利加人和,我馬上毛遂自薦。沒想到光面試我就被「打槍」五次,後來才知道原來補習班要教師依據 SOP 教法才會應徵得上。終於,我成功拿到入場券,那時一個月時薪,最高調升到新台幣 650 元。

　　年輕的我,發現只要我想做的事,即使不斷失敗也要努力實現它。

　　二十二歲即將出社會,想著自己外向又有點大剌剌個性,雖然主修會計但是我清楚知道自己不適合在會計事務所。於是,繞了點彎,第一份工作投入銀行業,前半年適應期拉得很長,那時因常抓錯帳而倍感挫折,還曾午休時一個人偷偷躲進廁所哭,不斷懷疑自己的學習能

力是不是很差。

## 前輩一句提問，猶如點石但未馬上成金

銀行的工作日子，每天日復一日，某次一位元分行的超級 VIP 客戶 L 大哥來辦事，突然找我攀談，他一開口就問：「融亭，你打算幾歲退休？」

我用非常狐疑的眼神回答他：「大哥，這是我大學畢業的第一份正職，才做一年多，我根本沒想過這個問題……。」

他說：「這個問題非常重要，你回去好好想想，三天後我會再來，你想好告訴我答案。」

我：「額……好吧！」

這三天我左思右想，實在想不出來答案。果然三天後 L 大哥如期出現，沒想到他一來就開口問：「我上次問你的問題，你想到了答案了嗎？」

我：「L 大哥，我想過了，就是做到 65 歲退休。」

聽完答案，他突然換了口氣，非常嚴謹地說：「這個答案很爛，你根本沒有用心去想！」

當下被他這麼一講，我整個人不開心起來，因為「我

是真的沒有答案，不是故意不去想」。後來他一本正經告訴我，他是如何在 39 歲那年，實現他存到上千萬退休金的人生故事。

他說：「我希望你提早思考你的人生，不要為了生存而工作，要為自己訂一個期限，為自己提前做好計畫。人生不是工作、結婚、家庭，父母讓你念大學，不是庸庸碌碌過平淡的一生。」

二十五歲那年聽完了 L 大哥的啟發，老實說，我沒有馬上開竅。他的故事就像一顆種子，落在我的心田，但是當下沒有發芽，對於未來我仍傍徨無助。人家說點石成金，我被點了一下，但沒有馬上成金，反倒是那年我決定換工作，在國立政治大學擔任活動秘書，假日去進修 EMBA。

### 離職信躺抽屜數月，靠投資逼自己跳出舒適圈

後來我到大學內擔任行政，院長知道我活潑好動，分配我去舉辦各種師生的活動籌畫。遇到好長官、好同事，讓我在職涯增加了一些信心，甚至在進入政大第二年，我在全校近千名員工中，獲得僅十一位名額的傑出

行政人員獎。

在政大工作的四年，彷彿慢慢走進舒適圈，當時為了給自己生活有目標，因為會計系的務實訓練，我決定與當時的男友也是現在的老公，買房逼迫自己規劃未來。

每個月扣除房貸和生活費，難有現金存款，對我來說很沒有安全感，投資買房是一種甜蜜又沉重的負擔，但也是這個契機，讓我思考如何「開源」，於是我日後的職涯才有大幅的轉折。

決定兼差增加收入後，先透過媽媽的朋友，當時花了幾個月嘗試賣靈芝保健品，但發現自己朋友圈大家年紀都很輕，要吃個維他命都不太積極，更何況對這類高單價的保健品，加上自己當時人脈圈也相當受限。

於是我開始另找其他出路，因緣際會在上卡內基課程

> **@感動的一句話**
> 想要成功是需要下定決心放手一搏，更需要時間練功。

面對生命的十個感動

中,認識一位多元經營組織行銷的學姊。我聽著台上講師的分享,其中一句話讓我震驚不已。

「世界上 95% 的人,只有職涯規劃,卻沒有生涯規劃。」

我開始想:對阿!身邊許多能力好、工作讓人稱羨的前輩,為何一退休整個人像浮萍一樣,沒有方向,甚至更嚴重還得了失智症。汲汲營營為工作投入一生,卻換來如此局面,這不是我理想的老年人生。

藉由學姊帶領,我與老公一同投入組織事業,前幾年都還是兼差,儘管組織事業已經表現不錯,但真的要全然放下原本工作,仍是艱難的決定。我還記得正職工作的辭職信,寫好躺在我的辦公抽屜,整整一年。

每天下班拉開抽屜拿包包就看到辭職信,每天都在拉

---

**@感動的一句話**
帶著夥伴一步一腳印,從新手不斷蛻變成長,
心中那種喜悅是非常享受的。

扯，要不要心一橫，直接放到主管桌上？

## 年輕常與別人比較，但真正勁敵其實是自己

在我即將三十歲時候，真正壓倒最後一根稻草的事件，是一場同學會相聚。大學畢業後幾年，時有耳聞一些同學工作發展很好，有的在知名事務所取得好職位，有的是出國深造在外商公司上班。

我回頭檢視自己，雖然在行政工作有成就感，但心裡就有一股聲音，彷彿在主流商業社會不太認同行政工作的價值。尤其當時薪水餓不死但也賺不多，於是當下我很擔心去同學會，深怕聚會中免不了各種比較，怕輸、愛面子的情緒，讓我久久陷入其中。

當時不斷思考：「我自己的定位到底在哪裡？」

這個轉捩點，彷彿心裡有扇門被打開，有道光照進來，逼著我檢視自己，與其跟別人比較，真正的敵人其實就是自己。於是，我告訴自己，是時候該做改變了！

於是，我由內而外徹底改變，為了不再為別人工作的目標，我離開正職工作。全力投入組織事業，透過團隊有系統的運作，加上整整有三年時間，365 天當中，我

面對生命的十個感動

的休假日十隻手指頭數的出來。

三十三歲那年,終於達到收入破百萬目標,三十四歲我又買了第二間房,當時覺得自己逐漸踏上正確方向的軌道。

不僅身邊有一群自己喜歡且珍惜的夥伴,同時也認識更多新的客戶好友。帶著夥伴一步一腳印,從新手不斷蛻變成長,心中那種喜悅是非常享受的。尤其看到客戶的健康與美麗,因自己協助而獲得解決,他們給予的肯定與回饋,是最大的成就感。

### 突如其來的一場重症,我知道沒有哭的時間

彷彿事業、人生正要起飛的瞬間,突然一陣亂流,打亂了自己人生的節奏。2016 年底,剛參加完公司海外旅遊的某個早晨,原本還沉浸在喜悅情緒,因為身體胸前癢,想說很久沒有順手自我檢查了。

這一按,我突然感覺摸到右乳房,好像有塊非常硬且不會動的腫塊。當下我整個慌了,想說自己不會得乳癌吧?

在自我胸部檢查之前,當時因長期晚睡早起,免疫力

下降就曾出現一些耳朵發炎遲遲未好的徵兆，當時我還不以為意。當摸到身體的腫塊，我立刻從床上彈起打電話給我先生，我們立刻去醫院檢查，一周後超音波結果出爐。

醫生宣判，70% 的機率是乳癌。

聽到消息，我當下與老公抱在一起痛哭。除震驚、害怕與難過，那幾天一直想，雖然我不是百分之百的好人，但卻也不曾害過別人，為什麼我會得到如此重大的疾病？

當時除了覺得對不起父母、家人，更重要的也心繫我老公和一群關心我的夥伴朋友。我自己投入保健美麗產業，竟然沒顧好自己的健康，那是一股加倍打擊的挫敗，挫折感不斷盤旋，產生我是個錯誤示範的自我責

> **@感動的一句話**
> 對付癌症及化療,「存活下來為優先」是唯一信念。

備。

但是,我沒有讓自己的悲傷情緒陷入太久,甚至告訴自己,我沒有哭的時間!

創業多年,身為團隊領導人,自己養成「遇到問題不要怕,就是想辦法解決它」的信念。我告訴自己把眼淚擦掉,眼前最重要的不是浪費時間宣洩情緒,更重要的是,我要知道怎麼做才可以活下去。

### 做足抗癌案例研究,即使化療也能正向樂觀

當檢查報告出來後,我唯一的念頭就是搞懂它,於是我做足所有網路上各種「成功抗癌見證者」的案例。找尋各種文獻、資料,同時找遍罹癌超過五年還存活的書籍,甚至還去參加癌症論壇。

　　我要看成功案例，看其他病友做了哪些功夫，歸納出各種有利於治療的方法。同時我跟主治醫生詳細的討論，最後為自己擬定幾個主要治療與輔助治療的計畫。

　　於是，抗癌大作戰正式開始。化療前半年，我先打了停經針，同時透過保健品、綠茶的嘗試，以及神的帶領下，我的腫瘤很神奇地從 2.45 公分變小至 0.8 公分，連醫生都感到不可思議。

　　接著，我又接受了化療、開刀、放療、標靶治療，俗稱抗癌全餐的療程，經歷整整兩年。

　　很多人聽到化療，馬上問「你不擔心落髮、發胖還有各種副作用嗎？」對我來說，「存活下來為優先」是唯一信念，加上多年在保健食品領域的專業知識，我深知哪些是符合身體所需，又不干擾正規治療的輔助保健品。

　　真的很慶幸職涯的所學，扎扎實實幫助了自己。一週一次為期 12 周的化療，醫生每次看到我精神奕奕狀態，就叫我直接去抽打化療的號碼牌，甚至有幾次入住病房，隔壁床阿姨問我來醫院做什麼？我告訴她，我和她一樣是來化療，她不可置信看著我。

面對生命的十個感動

她說：「你一點都不像是正在化療的癌症病患！」

當然，化療除了落髮無可避免外，那些看的抗癌案例所提到，令人害怕的上吐下瀉、食欲不振、手足症及化學藥物殘留在指甲上的痕跡等等，我真的感謝，這些情況都沒有發生在我身上。

### 病痛是化妝的祝福，一趟生死通透人生真諦

從生病到抗癌再到復原，這條心路歷程，其實很難對外人言說，但我非常感謝前輩來探病時說的一句話，點醒我生病時，心裡的糾結。

他在我病床旁說：「不用擔心，一定會痊癒的，上天讓你生病是有目的的，因為希望你將來能更將心比心，站在客戶的立場上給予真的合適客戶的建議，就不會為賣而賣，而是能真正說服客戶。」頓時聽到這些鼓勵，真的是一語驚醒夢中人，心中充滿了溫暖。

突然間，「生病其實是化了妝的祝福」，這句話在我的腦海裡盤旋許久。

因為自己體驗過這一遭，未來我會更有同理心服務客戶，我更能理解他們的需求，這樣我才能在往後的事業

取得更大的成功。

　對我而言，上帝讓我學了一課，要好好愛自己，工作跟生活需要平衡。

　抗癌後的我，更有體會，很多時候我們沒有學習真正愛自己，愛自己的本質不是放肆享樂，而是讓自己學會靜下心、停下腳步，沉澱思考自己的身體需要休息，還是心靈充電。甚至與家人維繫感情，有時事業忙碌腦子一直轉，很常忽略身邊的細節。

　在生病之前，我常忙到一個月看不到我媽一次，儘管我們的家住很近。但也因為生病讓我檢視與家人的關係，現在每週我一定找一天陪我媽去喝下午茶，聽聽她的近況。同時也因生病，感謝我老公及我的公婆，他們非常體諒我。

**@感動的一句話**
生病其實是化了妝的祝福。

### 寫下一百項遺願清單,打造不留遺憾的第二人生

人在生病前,有許多想做的事,但總有許多藉口推託、延遲,經歷病痛,我真正感受到,這些藉口說穿了就是我不夠在乎。生病化療那時,自己沉澱下來,靜靜思考,我把自己下半輩子想做的 100 件事,列在「遺願清單」(Bucket List)本子,每件事情寫下預計要完成的時間表。

就在我病癒後,我實現了去愛心機構做志工、跟家人一起去露營,還有每一年到一個國家深度旅遊的計畫。去年十月,我跟先生以及幾位客戶好友,一同到奧地利、捷克暢快玩了十四天。今年還規劃要跟一群事業夥伴到美國深度旅遊,我非常期待著!

除了玩樂,我還列下健康、學習的目標。過去不愛運

> **@感動的一句話**
> 愛自己的本質不是放肆享樂,
> 而是讓自己學會靜下心、停下腳步。

動的我，現在也慢慢走進健身房開始學習重訓，享受汗如雨下的快感。還有過去總把每天行程排得水泄不通，忙到沒有時間好好與自己獨處，現在我卻能靜下心好好閱讀。

現在的我，去年完成形象管理課、房地產課程及投資理財等相關課程，最近還取得 NGH 催眠療癒師的執照。我期待為自己打造一個不留遺憾的第二人生！

## 享受斜槓多彩日子，發揮 Life Coach 影響力

大病關卡走一遭，我覺得自己是幸運的。在三十多歲因為組織環境的良性競爭，認識一群會鼓勵我、激勵我的夥伴。於是，現在的我希望自己能成為別人的生命導師（Life Coach），期許透過個人品牌去幫助、影響更多人，對曾經生病或找不到人生方向的人，在有限生命實現自己的夢想。

我擔任團隊領導這些年，發掘自己有項天賦，能敏感挖掘別人的優點長處，進而給予對方鼓勵，提供對方更上層樓的精進方式。又或透過自己的建議，介紹對方資源整合的管道，找到實際幫助自己成長的機會。

面對生命的十個感動

因為，我知道人生總有許多時候，遭遇自己無法處理的難題。

我曾協助過需要錢周轉又不好意思開口的夥伴，眼看老婆大肚子不敢讓老婆有壓力，但自己的工作又不順遂，不知道該如何度過這個月的錢關，都急到眼淚快掉下來了。

也曾遇過年輕夥伴，在半夜時他爸爸突然因癌症過世，不知該如何與爸爸道別及處理後事。一通電話，我就飛奔醫院陪伴他的經歷。

正因如此，瞭解自己天賦，我一直思索如何幫助更多的人。於是，今年我開創另一個新事業，打造一套系統課程，包含在組織所學的經營心法、去跟更多人分享，如何找尋與盤點自己身邊的資源以提升自己。

有句話說「能者多勞」，大多數人的解讀是「有能力的人，就多做點事」。但現在對我來說，這句話背後真實的意義是「有能力的人，不會只做一件事」。有能力的人試著讓自己培養多元技能，而不是只靠一項才華吃飯。

我自己即是依循這個模式，這一路走來，不僅取得美

> **@感動的一句話**
> 當你把夢想——條列下來,實現後再劃掉,
> 那一瞬間是非常有成就感的。

睫師的執照,甚至去業界面試,公司開出上百萬條件希
望我去經營海外市場,證明我的銷售能力。正因為組織
事業的一連串經歷,我逐漸找到自己的「斜槓女企業
家」模式,自助也助人,我相信這才是一個真正善的迴
圈!

## 當年欠缺自信的醜小鴨,如今蛻變天鵝展翅高飛

　　我在化療時後,因為讀了許多資料、看許多書,那時
候我抄寫了十句經典名言,其中有一句對我影響很深,
而且是最有感觸的話:

　　「*我們每一個人都是閃耀的星,而我們都該為自己發
光。Every one of us is a shining star, and we are
all supposed to shine for ourselves.*」

面對生命的十個感動

> **@感動的一句話**
> 有能力的人試著讓自己培養多元技能，
> 而不是只靠一項才華吃飯。

　　現在的我回首三十歲以前的自己，我發現最大的差別除了更有信心之外，更重要的是，我找到自己的人生地圖，定位出自己希望拓展的方向。

　　人生是一連串不停的選擇，有時可能要承受錯誤的選擇帶來的風險，但這一生為了不要有遺憾，要相信自己往後的選擇可以做得更好。

　　例如我們在組織事業，每年之初都會為自己訂下今年目標，這個活動又稱為夢想板。但對許多人來說，為什麼常常年初的目標，到了年底總是無法達標？我的多年觀察是，因為每個人的人生樣貌都不一樣，如果只是羨慕別人而期望達到別人的目標，那個不是真正的你，突顯不出你的特別，所以更無法從理性、感性層面去達成夢想。

　　勇敢相信自己能力，先從小地方肯定自己，再往大目標實現成就。

　　就像我的罹癌那段日子，如果我只有負面思考，覺得癌症好像很可怕，那我一定無法親自研究找出各種療法。所以不只要相信自己能力，撐起自己的人生，同時更要有意識，才能把自己的人生，活得更好。

　　我希望看到這本書的人，要相信自己有斜槓的能力，釐清自己真正想要的是什麼，去實現它。

　　當你把夢想一一條列下來，實現後再劃掉，那一瞬間是非常有成就感的，也有動力往下個目標去創造實現。

　　想到自己現在重拾健康，又能幫助更多人，透過瞭解自己的長才，找到自身能投入的事業，我不禁又興奮起來了呢！

# 努力想比努力做更易成功
# 淬煉回鄉成上市公司總裁

—— 馬來西亞上市公司 SCH Berhad 集團副總裁

## 林子立

# 關於 林子立 (Jeff Lim)

**現任》** 馬來西亞上市公司 SCH Berhad 集團副總裁

**經歷》** 2008 年　前往英國 Robert Gordon University 深造

2010 年　獲得英國 Robert Gordon University 工程造價師 (QS) 學士學位

2011 年　加入 Steward Milne Ltd 為工程造價師 (QS)

2014 年　加入美國公司 Hill International Ltd 為建築法律顧問

2015 年　加入餐飲集團竹麵館為伙伴

2016 年　委任 TK Rentals S/B 副總裁

2017 年　獲得英國 Robert Gordon University 建築法律碩士學位

2018 年　委任馬來西亞上市公司 SCH Berhad 集團副總裁、獲得國際男企爵家獎

2019 年　獲得世界卓越餐飲企業家名人獎

**座右銘》** **成功都是被逼出來的，人的潛能無限，安於現狀，你將逐步被淘汰！**

**聯絡方式》** Email：mr3133@gmail.com

Facebook：https://www.facebook.com/mr3133

面對生命的十個感動

## 「成功都是被逼出來的，人的潛能無限，安於現狀，你將逐步被淘汰！」

—— 林子立

你覺得人生要達到你想實現的目標，該做什麼事最重要？對我來說，影響我人生最重要的一句話是：「**努力想比努力做，更重要，也更容易成功。**」

這句話源自我過去的經歷，還有從《How Successful People Think》這本由全球公認領導學專家約翰·麥斯威爾（John C. Maxwell）所寫的書裡，提到 80/20 法則，以及明智的

人會選擇和明智的人合作，帶給我的啟發。

## 小康家庭我沒有夢想，直到家裡一場重大巨變

我來自馬來西亞的華人家族，父親白手起家創業，跟著政府做油棕事業，政府提供土地，我們協助種植油棕、提煉棕櫚油後將商品賣給政府。因為父母的努力，讓我成長過程雖不算富貴，但至少衣食無缺。

從小他們就告訴我把書讀好，甚至安排我去學各種才藝，從文學、數學、到運動，眾多課程我都參與過。但也因為家庭環境不錯，小時候，我從未認真去想「夢想」、「未來」，總認為反正有父母撐起這個家，所以沒有特別志向。

當我在十八歲那年，原本風平浪靜的生活，忽然間，父親突如其來的一場心臟病發，撒手人寰，留下我們一家妻小。也是從這一刻開始，我的人生開始發生巨變，原本的舒適圈一瞬間坍塌了。

我就像生活在溫室裡的花朵，被迫一夕之間長大，隻身面對外界的艷陽與強風。

當父親離世時，我剛上大學，當時為了幫忙家裡

> **@感動的一句話**
> 當你真心渴望某樣東西時,整個宇宙都會聯合起來幫助你完成。

事業,我的學校在吉隆坡,距離關丹(馬來語:Kuantan,為馬來西亞彭亨州的首府)車程來回要三、四個小時。我每周只能去上必修課,其他時間就在家裡處理事業,當時我還沒有手排車駕照,為了看生產進度、發薪水,當時還要媽媽載我去各工地、跟政府談後續合約。

如果說,父親的離開是一場悲痛,旁人為了利益的爭奪,更讓我看盡人性的險惡。過去與父親一起做生意的父執輩好友,表面告訴我:「你不要擔心,專心把書讀好,我們會幫你父親的事業繼續照顧好……。」

誰知道,過去商場上的戰友,如今向我們做假帳,自己私自成立公司搶走我們的生意。這時候我才體會到什麼叫「大人的世界」,看清誰才是真正的朋友、誰是為

了利益而親近的虛偽。

以前常來家裡跟父親喝酒、稱兄道弟的人，怎麼一夜之間就變成了另一個人？

## 慚愧學識涵養不足，遠走他鄉打工體驗吃苦

合約被騙走、生意被搶走，父親打下的江山，可以說是在我的手上敗掉了。我沒有好好傳承、沒有守住生意，當時的我才悔恨，自己所知的學識、所有的技能如此不足，有一種「書到用時方恨少」的感慨。

當時我深深相信，既然要重新學習，就要去最好的國家受最好教育、拿到最頂級的學位、接觸最厲害的人。在馬來西亞，國外的文憑回國工作待遇更好，而且我想突破，帶著父親傳承的信念，有一天我要建立自己的事業王國。

於是，我所以選擇去英國留學。

但光是申請學校前，身旁就有人潑冷水：「要去英國讀書很貴的，尤其馬來西亞人很難有機會，你還是放棄吧！」各種勸退、負面的聲浪不絕於耳，別人都在告訴我：「你不可能的！」

我要告訴大家，有一句經典名言來自《牧羊少年奇幻之旅（*The Alchemist*）》這本書：「When you want something, all the universe conspires in helping you to achieve it.」（當你真心渴望某樣東西時，整個宇宙都會聯合起來幫助你完成）。這句話在我身上實現了。

唯有踏出第一步，才能找到解方，如果聽信別人說不可能，一定達不到目標。

結果，我成功拿到英國大學的入場券。攻讀建築系讓我獲得更深入的學識，但我想說，真正影響我日後事業的基礎，是來自英國的打工經驗。

因為英國消費高，立志拿到學歷，我一周上兩、三天課，其他時間就在餐廳打工賺生活費。

我在一家香港人開的中餐館打工，裡面來自各種膚色、種族的人，餐廳裡沒有人知道你過去的身分，無論你過去多富貴，想要在這生存下去，就是什麼都要學、什麼都要做。端餐盤、收餐具、洗碗、刷馬桶、被客人刁難，什麼狀況都要學習接受。

為了生存，我開始學習看人臉色，學會做人。

　　我開始觀察，為什麼有些人特別受寵；有些人就跟大家合不來，原因就是做人處事跟人際溝通。如果我還待在馬來西亞，我一輩子也沒機會學習彎腰、學會獨立，餐館的打工經驗是我在英國最大的收穫。

## 過去的逆境考驗，終將化成日後成長的養分

　　在英國拿到建築學士文憑，覺得自己過去在法律領域的缺乏，才沒有守下父親的事業。於是，我繼續攻讀碩士，一邊讀建築法律研究所，一邊在本地的建築公司，透過我的專業，做「工程造價師」（Quantity Surveyor，簡稱「QS」）的工作。

　　有「建築工程界的會計師」之稱的工程造價師工作內容很有趣，我待的那間公司是當地承包商，承接英國政

> **@感動的一句話**
> 唯有踏出第一步，才能找到解方，
> 如果聽信別人說不可能，一定達不到目標。

面對生命的十個感動

府項目,每月提供證明及分析資料去呈報專案進度。因為這個經驗,讓我考上英國建築法律仲裁的會員資格,要取得這項會員,門檻相當高,尤其對馬來西亞人來說,取得資格的人數少之又少。

在建築法律的訓練,一家法國企業要在馬來西亞發展大型項目,看到我的背景專業,力邀我回到馬來西亞協助。在英國六年,的確非常想家人,因為這個邀請我回到家鄉,開啟我的建築法律顧問生涯。

人生的際遇,緣分到了,想擋都擋不掉。當我全力投入法律仲裁(Arbitration)的工作時,竟巧遇當年在英國認識的馬來西亞朋友。他的朋友在馬來西亞做餐飲業,是一家專門做港式點心的餐廳。

聊了一陣子,對方的餐廳已經做了五年,我問有沒有

---

**@感動的一句話**

為了生存,我開始學習看人臉色,學會做人。

興趣變成加盟店，我成為他們共同創辦人？

當年我在英國打工，端了好幾年盤子，看到其他有錢學生，放學後可以悠哉享樂，而我為什麼要這麼累？早上讀書、傍晚後還要工作？當時我告訴自己，我再也不要跟餐飲工作有任何瓜葛！

結果你說：緣分是不是很奇妙？

當時的逆境、當年的厭倦，如今成為我接觸另一個事業的機會點。因為英國工作的基礎，學了很多管理一間餐館的眉目，於是，我的事業不到三十歲時候，就跨足兩個領域，同時經營法律及餐飲的事業。

經營餐廳，我開始學習管理員工、餐館、廚師，開始學習如何訂貨、協調客戶。不到三年，我們餐廳在馬來西亞擴展八家分店，而且擁有自己的中央廚房。

如果你在我大學時，告訴我未來工作會與餐飲有關，我一定會說：「絕不可能！」

但是，以前的委屈，教會今日的我要放下身段。我一直思考，為什麼過了多年後，我又回到餐飲業？有一天，我在餐廳裡看著一家人有說有笑的情景，突然回憶到童年時，我跟家人一個月才能上一次館子，那是我們

**面對生命的十個感動**

全家人最奢侈的享受，也是我最思念的回憶。

儘管幾年後，父親已不在，外在環境也人事已非。但我發現，原來透過食物能連結家庭的情感，創造更多人聚在一起吃飯的喜悅。而這份事業是在填補我心中，那份逝去的童年時光。

每次看到客人坐下來吃美食滿足的表情，我儘管再忙、再累，看著別人享受天倫之樂，是我重新投入餐飲業後，最大、最滿足的成就。

### 當我自滿現狀時候，一段談話讓我重新檢視自己

當我正覺得自己事業彷彿逐漸到顛峰，內心感覺有點小成就的時候，一個親友聚會，一位多家上市公司的老闆，他的一句話卻像一個巴掌，頓時把我打醒。

他問我最近都在做些什麼？我非常自豪告訴他種種成績。沒想到，他卻回答：「你 28、29 歲了，還在幫人工作，人生哪有那麼多的時間給你花，你不年輕了，應該做些更有前途、更大事業。」

聽完這番話，我整個人呆了，那個晚宴感覺特別漫長，彷彿不會結束似的。

　　老實說，聽了當下有點生氣，我覺得明明自己做得不錯阿！但他的話，又不無道理，我深思好幾個夜晚。

　　沉重的一段話題；諷刺的一句建言，卻喚醒我，我再次拿起電話撥給他。我問：「前輩，不曉得能否有機會，再與您吃一頓晚餐？」

　　那頓飯，是再次翻轉我生命事業的重要關鍵。

　　經過數小時深聊，聽著他怎麼從一間家族小生意，不到幾年，發展成馬來西亞農化學產業的龍頭企業。而且，在他 28、29 歲的時候，已經有自己集團並準備上市，同樣年紀，他的成就真的離我太遠了！

　　我決定與他找尋一起合作的機會，因為我投資的餐飲事業，正在思考市場擴大。這一天的晚宴過後，不到兩個月，我與這位老闆合開我們自己的第一家餐館。

面對生命的十個感動

> **@感動的一句話**
> 原來透過食物能連結家庭的情感,
> 創造更多人聚在一起吃飯的喜悅。

　　為了全力投入餐館工作,我做了一個重要的決定,放棄法律仲裁工作。其實當時我已經拿到法律仲裁的執照,家人聽到我的新計畫,激起各種反對聲音:「你真的是發瘋了,去英國讀書辛苦這麼多年,現在竟然要去開餐館!」

　　面對家人質疑,我始終認為,做自己的事業,是我的方向。於是,餐館經營幾個月後,前輩看到我的潛力,加上我的法律背景,他邀請我不如去他集團協助其他事業體系。

### 三年爬上總裁位置,開始永不滿足現狀

　　加入前輩的集團三年後,我從一家餐館的創辦人,如今身分橫跨一家新上市公司的總裁。

　這三年當中，他讓我去嘗試過去從未接觸的工作。我曾問他：「你安排我去新的職位，我從沒做過，難道你不擔心嗎？」

　他回答：「經驗就是靠累積，什麼都不做，當然不會有經驗，甚至要不斷犯錯，才會累積實戰功力。」因為他非常堅信，不是等有能力才坐那個崗位，而是為了那個職位所需要的能力，人才會一直努力學習。聽他這樣說，我卸下任何不安，這三年每天告訴自己，做到最好就對了。

　感謝他的信任，讓我爬到今天的位置。

　但是，第二項考驗又來了！

　我從集團空降，加上年紀輕，一進入企業我馬上面對排山倒海的質疑。別人看我的資歷、我的年紀，他們一定問：「他能夠好好管理這間公司嗎？」於是，我問老闆：「該怎麼辦？」

　他沒有告訴我方法，只說，他當年接手父親事業時，同樣有很多老前輩對他說：「你這麼年輕，想做這麼多改革，都是無濟於事啦！」他告訴我，要讓人家服你，就是要做出成績，成績勝過一切，別人自然不會再去質

疑。

仰之彌高，鑽之彌堅，是我這三年學習的最大心得。

我從英國留學回來，總覺得自己是凱旋歸來，可以說自我感覺超級好。但真正進入業界，接觸不同的人，才發現我真是自滿於現狀。後來跟這位老闆前輩接觸後，更是如此，我以為自己事業很棒了，沒想到，一切都是自我膨脹。

我深深體會，沒遇到比你更強大的人，是比較不出自己的平庸，絕對不要讓自滿而阻撓自己再進步的機會。

### 當一位聆聽的管理者，領導企業迎向國際市場

自從成為管理者，我發現「聆聽」是一門相當重要的技能。當我在一個領域是新手時候，加倍努力聆聽，去請教行業前輩。例如我現在上市公司是機械領域，我原本對機械一竅不通，但放下身段聆聽、學習，無形中自己也變得專業。

而在內部管理方面，聆聽一樣重要。過去我在外商公司工作，他們做事講究自律，比較看結果而不看過程。但回到馬來西亞，發現華人工作仍重視人與人的相處，

員工需要上司的關心。因為在餐飲業的訓練，我開始觀察人的肢體語言，我嘗試放下身段，認識企業的每位員工。

在我剛加入時，組織比較像金字塔，底層員工到中階主管、高階主管，一層一層區分非常明顯。但我一加入，我把組織改成扁平式，年長的員工發現我會聆聽他們意見，新進職員發現老闆能與他們一起分享，讓每位員工願意說真話。

過去我曾被指派去管理一間被併購的企業，他們主要供發電機、帳篷、冷氣這類設備的租賃服務。併購合約要求舊老闆要留下來兩年，進行工作傳承。我身為新總裁，與舊老闆的管理模式，當時有許多衝突，發現許多新進員工，加入沒多久就紛紛離開。

> **@感動的一句話**
> 經驗就是靠累積，什麼都不做，當然不會有經驗，
> 甚至要不斷犯錯，才會累積實戰功力。

面對生命的十個感動

　　我開始思考，在內外壓力之下，如何讓企業步上軌道？後來我觀察，許多員工一犯錯，舊老闆會向我打小報告，員工擔心我會對他們懲處，但很多時候我會透過其他方式了解真相。這些小動作讓員工感受，新的領導是為他們撐腰，於是慢慢培養我與他們的信任。

　　我深信，職場當中有許多灰色地帶，沒有絕對的對錯，有時更需彈性管理，從人際互動來著手。

　　沒多久在我手上，這間企業原本只承接當地生意，馬來西亞的營業額佔整間公司營收約 95%。但我相信，未來的市場是在國際，而且我的強項是國際佈局，這幾年我們開始打國際盃，一路從香港、新加坡、橫跨到日本，近期更拿下日本 2020 年東京奧運活動的訂單。

　　同時原本這間公司名稱是冷氣帳篷租賃，我改為租聘

> **@感動的一句話**
> 不是等有能力才坐那個崗位，而是為了那個職位所需要的能力，
> 人才會一直努力學習。

公司，不僅拿掉員工的老舊想法，同時也象徵我們的商業模式朝向各種設備都能租的新機會。我的願景就是把這間原本只接本地生意的公司，變成全球國際都認識的企業。如今我們海外營收原本僅 5%，一路爬升到現在的 40%。

## 設定十年後的目標，不讓人生想重來的懊悔

這位創業前輩，他就像我職涯的 Mentor（導師），我最記得他曾問我一句話：「如果要你捨去現在所擁有的所有一切，換得搭時光機回到過去，人生重頭來過一次，你願意嗎？」

他接著說：「我問了許多人，很多人都說他／她願意！」

我想著這句話，他點醒了我，這麼多的人寧願犧牲一切，想回到過去，但為什麼不好好把握現在，把現在每一天能做的做到最好？二十年後，你不需再懊悔希望回到今天。

這句話，讓我現在每一天都把時間好好運用，做好每一件事，而不讓未來的我對現在的我，感到懊悔、感到

遺憾。

　　從這位創業家前輩身上，他的事業王國，從一到九九都是他雙手親自打造的，現在的他，可以說物質方面沒有任何缺乏，我問他：「你現在什麼都不缺了，靠什麼讓自己持續進步？」

　　他說：「對我來說，物質已經不重要了，而是在每一個計畫完成後，每個小小的成功當下，提醒自己再設立新的目標，往更大型計劃前進。」我才發現，成功的人是不會停下來的，他們總是不安於現狀。就像這位前輩，他現在四十歲，但他已經開始規劃二十年後的人生佈局。

　　我在他身上看到的實業家精神，對我而言，就是充滿感動的典範。

　　於是，今年我三十歲，我開始看未來的十年，在我人生步入四十歲的時候，我希望那時我有兩家自己的上市公司。為了達到目標，我開始盤點我需要增加哪些實務技能、財務該如何分配、需接觸哪些人脈，要怎麼實現，開始一一拆解要素，讓自己持續進步。

　　我相信，把自己目標設定更大，即使沒有達到百分之

> **@感動的一句話**
> 要讓人家服你，就是要做出成績，成績勝過一切。

百的成績，至少不會後悔自己未曾努力過。

## 我的人生座右銘：努力想，比努力做，更重要

許多人問，是不是只要努力就一定會成功？過去的我，長期生活在溫室，從父親事業的失去，對我是衝擊也是打擊。直到拿到碩士學位、創業有點成績，有一點成就便感覺自己很棒。

當時的我認為，的確只要努力，就會有回報。

但是，我從成功人士身上看到的哲學 —— 他們不看過去的成就，而是往前看。同時，當大家都在努力時，他們會思考如何把事情做得更好，思索的過程是更加重要的。

同一件事可能大家都會做，但重複去想，如何把流程

面對生命的十個感動

> ### @感動的一句話
> 沒遇到比你更強大的人,是比較不出自己的平庸,
> 絕對不要讓自滿而阻撓自己再進步的機會。

　　更優化、更簡單化,比起盲目地努力,我現在認為,努力的想,比努力的做,更重要。

　　透過認真的想;有信念的想,在我自己身上就發生許多不可思議的吸引力法則。不論是自己創業或是管理企業,每個選擇的念頭,現在即使遇到困難,我都跟自己說,肯定是有更好的事情要發生了!

　　現在我除了經營餐飲事業,也是一家上市公司的總裁,我其實還有另一個身分,就是攻讀工商管理學門的博士班研究生。從建築、法律再到企業管理,我始終相信「學海無涯」,我想學更全面的知識。

　　別人看到我這麼忙碌,還能撥空時間讀書,每個人都很訝異問:「你怎麼做到的?」以前剛出社會,很多人跟我分享工作的心得,我那時的反應常是「這個不可能

啦！」

　但是，我現在對這句話有很大的保留空間。我現在會改說，很大的可能性不太會成功，但還是有一絲機會。因為從我自己身上驗證，過去很多旁人覺得不可能的事，最後真的成功了。

　嘴巴說不可能，其實就在思維上限制自己了。我繼續攻讀博士班，如果總是跟別人說自己很忙，其實就是在把自己的機會大門關上。這些年，我親眼看過、聽過許多商場上成功的案例，都是把不可能變成可能。所以，千萬不要限制自己，輕易說出「不可能」。

　「不可能變成可能」雖然很簡單的一句話，實現前一定會經歷各種困難與挑戰。不過，我們永遠不要放棄，去找尋那一絲機會的曙光！

# 家道中落激發律師正義魂
# 斜槓律師打造產業共享共榮

—— 周延法律事務所創辦人暨主持律師

**周念暉**

## 關於 **周念暉**

**現任》** 周延法律事務所創辦人暨主持律師

**學歷》** 國立中正大學法律學士、國立中正大學法律學碩士

**經歷》** 一帆文教機構講師、世紀聯合法律事務所受雇律師、十方法律事務所受雇律師、最高法院及臺灣臺北地方法院義務辯護律師、法律扶助基金會扶助律師、青光俠專項基金會愛心大使、首創文教基金會榮譽法律顧問、臺灣玉山創見會理事長、BNI 大天白金分會律師代表、共好商圈協會共同發起人、新世界商會創辦人暨發起人、青年龍馬兄弟會創辦人暨發起人

**律師實務經驗》** 律師職業期間承辦之客戶與案件累計數百件,包括一般民、刑事案件,甚或是公司商業、土地不動產等專業領域均有豐富經驗,服務客戶橫跨生技、醫美、生化、地產、建設、商旅、文教、電商等多方領域,對於企業法律風險分析與策略規劃,亦有長足的經驗,並曾獲壹電視等媒體之專訪報導。

**律師執業信念》** 信任傾聽、專業服務,
用心守護客戶珍惜的人事物。

**免費線上法律諮詢》** https://www.cylawtw.com/(請於網頁下方填寫聯絡方式及法律問題),或是掃描下面的 QR Code

面對生命的十個感動

# 「千萬別低估自己的力量,你能為別人做的,永遠比你想像中的還要更多。」

—— 周念暉

你是否相信,在這浩瀚宇宙當中,每個人這一生都有自己專屬的使命?

如果,我未曾經歷那些重大打擊,我是不會相信的。甚至,我這輩子可能不會成為「律師」,悠遊法律世界,洞悉人性最深處的樣貌。老實說,我小時候的願望是成為藝術家,求學期間,我開始展現美術天分,木雕、陶藝、水彩、水墨、素描,都有我的創作,甚至加入美術升學訓練

班，一心想到國外大學攻讀藝術設計科系。

但是，在我青春歲月，老天對我開了一個大玩笑。

這個玩笑，讓我意識到，為了減低家中負擔，只好偷偷將藝術夢深埋心底。如今，偶而望著家裡的書櫃，看著我一件件，被母親細心翼翼收藏的美術作品。這一切轉變，回溯到我十六歲那年。

## 曾經零用錢無上限，到家中一夕債台高築

從小，在我生活最不缺的，就是「錢」！從幼稚園到高中，一路直升台北知名貴族學校「薇閣」中學，朋友圈各個是經濟優渥的富家子弟。同儕間最常討論的，不是誰買了最新玩具、誰穿了最潮的球鞋，就是誰戴了最新款名錶。

印象中，我跟家裡拿零用錢，永遠沒有上限。爸媽每次都是新台幣三千、六千元大鈔，往我皮夾塞。

能夠如此豐衣足食，全因家父從事不動產廣告業，母親則在公股銀行擔任高階主管。父親的「首創廣告」當年在業界頗負盛名，全盛時期，全臺灣高達六間分公司，每年尾牙上百人熱鬧一整晚。更不用說，員工旅遊

> **@感動的一句話**
> 千萬別低估自己的力量,
> 你能為別人做的,永遠比你想像中的還要更多。

每年出國玩,我在年幼時,日本、泰國、新加坡……數不清國家都去過。

住在百坪的豪宅,停車棚有雙 B 名車,甚至 50 吋電視螢幕搭配度比環繞音響,每次最新遊戲機剛上市,我家必定也會有一台,還經常邀請同學來家裡打電動,從來沒有買不到的電玩,生活完全沒有煩惱,當時真的好快樂,甚至以為這輩子我都會如此幸福吧!

但是,好景不常,父親公司在我高中時,受大環境影響加上被多家廠商倒帳跳票高達數千萬元,一瞬間家中債台高築。經濟捉襟見肘,我從金字塔頂層跌落,爸媽逐漸為了開支而爭吵,俗話說「貧賤夫妻百事哀」,當時我體會到這句話的真理。

## 富家子弟淪為打工仔，體會「付出者收穫」真諦

新的電玩再也買不起，弟妹紛紛轉學到公立學校，隨著財務缺口越來越大，家中經濟危機就像泡沫，隨時一戳就可能破掉。甚至一度耳聞爸媽討論，如果款項再付不出來，可能就要把房子拍賣。

當時家裡的話題，總圍繞在「借錢、籌錢、找錢、還錢」。

財務吃緊的影響，有一件事也對我烙印一輩子的遺憾。當時學校舉辦畢業旅行預計到中國大陸玩好幾天，上萬塊的旅費對薇閣的同學一點都不困難。但是，我跟爸媽尋求意見時，得到的答案是「家裡沒辦法支付」。

我只能隨便掰個理由，忍痛錯失一生只有一次的高中畢業旅行。那段遺憾，至今想起仍有些傷心，無法與死黨朋友創造回憶的失落感，前陣子我到中國大陸出差，竟又讓我想起這段往事。無法同行的憾痛，還有難與朋友啟齒家裡經濟衰敗，那段時間總有股自卑感縈繞心頭。

沒有零用錢，只好自己賺！

當時我已經必須靠寒暑假四處打工，籌用自己的生活

費。對一個養尊處優的年輕人，突然要靠勞力活賺取時薪，每份工作都是相當辛苦。我曾在火鍋店、大型量販店、饅頭工廠打過工，當時勞基法尚未普及，一天工作超過 10 小時是基本。

打工每天行程，一早就必須在工廠內準備餐點食材、攪拌麵團發酵、到冰庫鏟冰。基本工作準備好等門市一開，我們趕緊到外場叫賣產品、上下貨補商品、顧客接待，可以說是「沒有可以挑的工作，只有永遠做不完的活」。勞力工作龐雜又繁重，每天都精疲力盡，只剩一絲氣力盥洗後，便馬上倒頭大睡，接著隔天又是一模一樣的例行公事。

你問我當時不會抱怨嗎？當然想，但我知道每天一筆一筆存下來的錢，都是我未來生活的救命錢。當這樣想，怨懟反而成為感謝，而且總是期待月底發薪日。拿到沉甸甸的薪資袋，那不是僅僅金錢的獲得，而是一種透過勞力付出，而帶來滿足與踏實感。

我感激努力終有回報，這種「付出者收穫」的感動，日後回頭看，這段「打工仔」歷練，打磨我的心智使它更為堅強，也影響我往後人生的價值觀，更有勇氣面對

往後人生。

## 日劇啟發奠定新志向，Hero 精神開啟法律人生

一邊打工，但我沒有放棄學業。藝術夢的消逝，說也巧妙，那時電視正在播放我的偶像「木村拓哉」主演的日劇《Hero》，木村飾演的「久利生公平」，是一位外表不修邊幅，但對案件真相及公平正義，永遠堅持到底、絕不輕言放棄的檢察官。

這部日劇讓我一改以往對「法律工作」的刻板印象，尤其劇中一句對話：「因為死者已沒辦法在法庭上為自己辯駁，所以檢察官必須為他發聲。」更讓我印象深刻。正處要思索未來人生走向的我，當下體認到，原來從事法律工作，是如此神聖有價值的。不僅能為被害人

---

**@感動的一句話**

其實人生的障礙跟限制，永遠是來自你心中的恐懼。

發聲，更讓社會的公平正義得以實現。

自此以後，我的人生劇本徹底改寫，進入法律系變成我未來唯一的志向，而且「非法律系不唸！」

這股決心也許讓老天聽到我的渴望，為了節省家中開銷，我一定要考上公立大學。最後如願考取國立中正大學法律學系，一路攻讀完成學士、碩士學位，開啟我爾後「法律人」之路。

真正沉浸在法律條文前，一般高中生一定無法體會什麼叫「法律邏輯」訓練。在法律系透過法科學習，我漸漸感受到發自內心熱愛法條的解釋、法學的運作。凡是法科著作、論文集，幾乎都是厚厚一本，既艱澀又難讀，甚至讀了幾年，某次課堂上教授問學生：「你們法律系讀到現在，有多少人是後悔來讀法律的嗎？」

### @感動的一句話
要想成就豐功偉業，除了夢想，更必須行動！

　　沒想到，班上竟然有三分之一的同學舉手。當下，我才深刻驚覺，原來不是每個人都像我，能夠如此熱衷在法律世界。

　　正因為我有極強的思考意識，每當遇到實務案例，我便嘗試從正反兩方，自己跟自己辯證。到了研究所，對法律持續深入鑽研，寫論文所參考的文獻，中、英文堆起來有兩大箱。不過付出就有收穫，我撰寫的碩士論文，出版幾年旋即受到大法官釋字引用，證明自己的研究受到實際肯定。

　　老實說，法律人的養成是非常費時耗力的，不僅學分數多，學位取得門檻高，甚至畢業後還要通過國家考試，取得律師資格並完成實習才能正式執業。但我很感恩，從藝術岔出到法律，走了一條自己既有興趣也有能力的道路，甚至退伍不到一年，我就考取律師資格。

### 海軍陸戰隊魔鬼訓練，初生之犢開庭無所畏懼

　　為什麼能在不到一年，就拿到律師資格？我會說除了求學階段累積的法學訓練素養外，也受益於在海軍陸戰隊服役階段，所養成的高度自律作息，以及極高的抗壓

心性，讓我每當面對挑戰時總是無所畏懼。

塞翁失馬，焉知非福！

這句成語恰巧應證，我的當兵日記及爾後律師生涯。原本以為有法律系背景，在軍中大多是安排文書工作，我心想，若沒有太大意外應該是輕鬆退伍、安全下庄。完全沒想到這一年役期，竟深遠影響我的一生。

軍種分配600多支籤，不到60支的「海軍陸戰隊」，沒想到我就是其中之一的倒楣鬼。我一抽完，司儀大聲大喊：海軍陸戰隊。台下瞬間歡聲雷動，我則是感到一陣頭暈目眩，不敢相信自己就是那位「籤王」。

抽完籤馬上分發，直接送往屏東恆春做三軍聯訓操演，演習期間視同作戰，一律禁假。大家一提到海軍陸戰隊就想到「魔鬼訓練」，原因其來有自。每天過著不斷行軍移防紮營的生活，每天背槍全副武裝行軍25公里，不論高溫烈日、滂沱大雨都要按表操課。

有時為了搶抓睡覺時間，可以夏季長達兩三禮拜不洗澡，迷彩衣一天反覆濕乾好幾次，整件衣服被白色的汗水晶鹽覆蓋。一群男生沒洗澡擠在帳篷內，那股駭人的味道現在想起仍感到可怕。有時還要在荒郊野嶺站夜

哨，想著家人、朋友遠在幾百公里之外的北方，一股孤獨心情油然而生。

海軍陸戰隊的口號是：「永遠忠誠，一日陸戰隊終身陸戰隊！」

在訓練過程，肉體上的磨練還是小事，真正的考驗更是精神上的折磨。下部隊初期，軍隊的長官耳聞我有法律系碩士學歷，軍中氛圍有時對高學歷分子反而更反感。我成為長官眼中釘，經常被惡整，甚至曾在兩、三百人集合會場中，我一個人被叫出來責罰，所有人盯著我看，被痛罵二十幾分鐘。

「你是白癡嘛！還是你是豬啊！不是讀到碩士還這麼笨！」

各種責難、羞辱當下，手臂仍要緊貼大腿，承受各種

> **@感動的一句話**
> 從事法律工作是如此神聖有價值：
> 不僅能為被害人發聲，更讓社會的公平正義得以實現。

言語羞辱。回想起來，那段日子遠遠超過一般人的想像，而且鐵定終身難忘。海軍陸戰隊「不怕苦、不怕難、不怕死」的特殊體驗，我養成比常人更強韌的意志力，對我日後在執業、開庭時，帶來顯著影響。

記得考上律師後開始接案開庭，有時一些資深法官看到年輕律師，總會想讓小律師體驗法庭上的震撼。我就曾看過有些律師，因抗壓不足直接在法庭被逼到哭出來。但因為當兵的歷練，我在法庭裡初生之犢卻無所畏懼。

### 立定本心初衷，當客戶一輩子的法律夥伴

退伍後，我在律師事務所一路從律師實習到正式受雇，事必躬親加上工作分配模式，讓我在當律師後沒幾

年，就能獨立開庭辯論、撰寫書狀、審閱文件等各項工作。

經過數年實務經驗，並積極參加多方領域的研習進修課程，不論在專業度、細膩度待時機成熟後，我便創立自己的「周延法律事務所」，專攻於一般民刑事、企業商務及不動產等法律的領域。

投入律師工作以來，不僅沒有倦怠或不如歸去的念頭，反而透過一次又一次協助客戶，解決他們的法律問題，讓我更加熱愛這份工作。

事實上，律師其實是一份充滿「負能量」的工作，上法院前為了釐清原委，當事人勢必要把他最困難、最煩惱、不願處理的事情倒給我們。律師其實就像一個垃圾桶角色，接受各種好的、壞的訊息後，透過我們的專業協助客戶。

換言之，打官司過程一定充滿情緒、不好回憶，而律師要概括承受一切。如果沒有足夠堅強的心智，許多人當了幾年執業律師，就紛紛轉戰其他領域。但為什麼我還能如此熱愛法律呢？

因為，除了自身專業，我更珍視與客戶的信任關係。

　　曾有一次，我為一位退休將領的刑事案件辯護，當時他遭起訴，且媒體大幅報導，輿論一面撻伐。我從龐大的訴訟資料逐一比對，密集與當事人開會，讓我篤定確信當事人是被冤枉的。

　　於是，我便向法院提出完整的答辯說明，且詳列表格，並聲請傳喚多位證人到庭交互詰問，還原事實真相。最後，高等法院及最高法院皆認同我方的主張，翻案改為無罪判決。這位當事人得到平反，也成為我一生好友，每當聚餐時，他對在場的人說：「周律師是我一輩子的救命恩人」。

　　令我感動的官司案例非常多，記得某個案子在法官判決我方勝訴後的某天，我在忙其他事，當事人一時聯絡不上我而錄了一段語音。他帶著哽咽的聲音說，看著我在辯論庭為他辯護時的分分秒秒，我的每句話、我的身影，他永遠都會記在心裡，一輩子感謝我的幫忙，為他爭取應有的公道。

　　也曾有委託人還沒等到判決結果出來，在辯論庭結束後，直接在我面前說：「周律師，你剛剛講得太好了，你把我們的委屈跟法官講得很清楚，為了我們權利你

　盡了全力，不管官司勝或敗，我們都感謝你啊。」那一刻，因為這份職業，客戶對我衷心言謝，他們看著我的眼神及肯定，那種成就比起收入，更是豐富我心靈最重要的能量。

　能夠在別人心中，活得有重量，被別人放在心底，那是身為律師最大的福氣。

　累積至今，還有好多好多案例，沒有辦法一一敘明，但這些來自當事人的真心感謝，都讓我深深體會，律師工作是多麼有意義。因此我總是不時提醒自己：「律師工作要本於初衷，當客戶一輩子的法律夥伴，一切辛苦都是值得的」。

**@感動的一句話**
海軍陸戰隊「不怕苦、不怕難、不怕死」的特殊體驗，
我養成比常人更強韌的意志力。

面對生命的十個感動

## 以律師為本建立斜槓，無私分享打造共享圈

擔任律師多年後，承辦的案件涉及的產業別變化萬千，憑著多年累積的經驗跟專業，不僅順利達到客戶的需求，甚至讓我開了一扇窗，看到不同產業運行的規則、特性及需求。

正因為律師工作特性，讓我有機會接觸到跨產業的客戶，尤其許多委託人來自企業家二代、新創企業老闆，不僅跟他們當朋友，甚至透過他們角度，了解這個世代做生意思維已經不同上一代，從掠奪、獨佔，逐漸轉向整合、共享。

身為七年級生的我，充分地體認到，這是一個共享、創新、互聯網的時代。專業的過度細化分工，反而容易窄化了自身的觀點與視野，必須要具備更宏觀的思維與

---

### @感動的一句話
能夠在別人心中，活得有重量，
被別人放在心底，那是身為律師最大的福氣。

知識鏈結，才能將自己的事業做得更大，並且去影響幫助更多的人。

　　就像知名管理行銷大師布萊爾‧辛格（Blair Singer）的名言：「你的遊戲有多大？」（How Big is Your Game?）」我把它改寫為「How Big is Your Dream?」意味著「你的夢想有多大？」，你準備好為了你的夢想付諸行動了嗎？我也總時常以這句話來提醒自己，為了夢想要不斷努力精進。

　　於是，我以律師職業為核心，打造共享世代的斜槓合作模式。因為我知道，現在的經濟模式搭配資訊流動快速，很難再用單打獨鬥，而是透過人脈的鏈結，協助我的客戶群彼此產生合作的契機，對他們各自的事業創造更好的發展。

　　另外，隨著我接觸的領域越多，越是感受到自己在法律領域以外的不足，讓我體會到必須學著當「接受者」，以「虛心、空杯」的心態來持續吸收別人的專業與經驗。於是，我開始參加包含商業、企管、行銷、會計、投資等不同跨領域的研習課程與團體。過程中結識更多與我有共同理念、志同道合的創業家、企業主，於

面對生命的十個感動

095

是我們又將彼此的資源做串聯對接，目前已經有好幾項商業合作計畫及商業交流平台都在持續推展中。

所以，我現在正著手跟好幾位企業主規劃「共享式產業串聯平台」，這個平台目的便是建立產業生態循環，讓每個產業的獲利更能有系統、合理分配給其他產業。尤其現在講究創新，代表跨界合作成為新的可能，我們希望嘗試用和諧的產業合作關係，而不是企圖瓜分所有利潤，讓商業利益均衡地讓大家共享。

未來我們的團隊，也期待集結更多不同領域的企業家或專業人士一起加入，共同打造一個，屬於我們世代的產業平台生態系統，擺脫「網內互打」的紅海市場，邁向共榮、共好的新世界。

### 人生勇敢逐夢之時，永遠記得也拉別人一把

我常認為，每個人的一生就像一本書，有的是潺潺細流，耐讀而雋永；有的則是霸氣磅礡、高潮迭起。每個人的故事都是獨一無二的，所以沒有誰的劇情比較好，只有用心去體會這一趟生命旅程，所帶來的試煉與考驗，才有機會在人生離去的那一刻，笑看享受富足的人

生。

　我從求學、服役再到律師執業，不論遇到順境或逆境，我總是告訴自己，那都是人生歷程必經的一部分。然後期許自己用正向、積極的態度來面對「心存善念、盡力而為」。

　我們總期待美夢成真，渴望活得更有意義，但又對未來的不確定性充滿不安、徬徨，於是躡手躡腳，隱藏自己真實的想法，以及慢慢忘記自己未完成的夢想。但是，其實人生的障礙跟限制，永遠是來自你心中的恐懼。

　「*To accomplish great things, in addition to dream, must act!*」

　要想成就豐功偉業，除了夢想，更必須行動！但追尋

面對生命的十個感動

097

夢想的道路並非坦途，充滿各種風險和挑戰，只有採取
行動並持之以恆，才會有見證夢想實現的那天。

從今以後，擺脫自己或他人所給予的框架，打開人生
無形的枷鎖，大膽去衝、去闖，去勇敢追求你的夢想
吧！

但永遠要記得拉別人一把，就像我非常崇敬的激勵大
師——力克‧胡哲（Nick Vujicic），他在其著作《人
生不設限》書中所提的這句話：「不要擔心你到底能為
別人做多少，只要伸出手，並了解到你的小小善行會加
倍，而隨之產生的力量會強大到超乎你的想像。」

我自己就親自遭遇許多的例子，不論服役的收穫與體
驗，又或是律師執業期間委託人對我所說的話，甚至是
結識新的客戶或合作夥伴。最初，只是善意付出希望

幫助別人、解決困難，但這股「善的能量」最終很奇妙又會回到我的身邊，讓我的生活及事業變得更好、更圓滿。

所以千萬別低估自己的力量，你能為別人做的，永遠比你想像中的還要更多。

往後我仍將繼續秉持這樣的信念，竭盡所能去幫助他人，完成自己目標也實現他人的夢想。也希望未來有一天，我能有這個機會與榮幸，給予更多人實質的幫助。

給正在閱讀此書的你，是否找到自己這輩子的天命了呢？

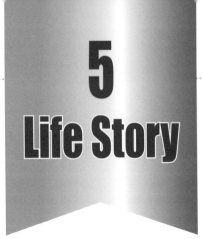

# 5
# Life Story

## 工地人生十年磨一劍
## 樂觀心性造就非凡人生

—— 海島舟記行銷長

**許朝淵**

# 關於 許朝淵（Hsu,Chao-Yuan）

**現任**》　　海島舟記

**經歷**》　　2008 年　任職久年營造股份有限公司建築工程師
　　　　　　2009 年　任職益騏建設股份有限公司建築工程師
　　　　　　2010 年　存到人生的第一桶金
　　　　　　2012 年　任職櫻花建設股份有限公司建築工程師
　　　　　　2014 年　購置人生的第一間房屋（三房兩廳兩衛）
　　　　　　2017 年　購置人生的第二間房屋（兩房一廳一衛）
　　　　　　2019 年　海島舟記

**專長**》　　建築興建、房地產買賣

**座右銘**》　**感覺辛苦時，正在進步中**

**聯絡方式**》Mail：HYPERLINK "mailto:kne58980008@gmail.com"
　　　　　　　kne58980008@gmail.com
　　　　　　Line ID：loveworldpeace（愛世界和平）

「挫折，往往是讓自己成長的養分。不要怕失敗，人生處處是機會。」

—— 許朝淵

如果要在一個大家都說辛苦的環境，同時需要多樣專業技能與人溝通的工作，你能夠撐多久？我從臺灣科技大學營建系畢業後，為了體驗建築業基層的工作，選擇到最辛苦的工地。沒想到「工地生涯」，一待就是十年。

唐朝詩人賈島在《劍客》裡有一句著名的詩句：「十年磨一劍，霜刃未曾試，今日把示君，誰有不平事？」

　　意思指要磨出一把寶劍，必須經過十年光陰的淬鍊。過去十年，每天與工班、師傅朝夕相處，站在第一線監工，看著一棟棟大樓從無到有、興建完成，再交到客戶手中。這十年的建築生涯，為我的人生添增不同色彩。

　　我是許朝淵，我的名字彷彿應證我的故事，在「朝」向「淵」博的道路上，不斷增添專業知識。正向思考的社會歷練，造就獨特不凡的人生。

## 離家學習獨立，國中畢業不再拿家裡一毛錢

　　還在學生的時候，社會主流價值認為「電子新貴」最有出路，於是大家一窩蜂搶讀電子科系。中學時成績在班上算不錯，但沒想到聯考失利，加上當時急著想去外頭世界闖蕩，家裡在新莊，卻刻意選擇讀宜蘭技術學院（現今國立宜蘭大學）的五專土木科。

　　當一票同學都還在台北，循規主流思想升學唸高中的時候，我已經離家踏上新的旅程。也許是個性使然，我對新環境適應相當快，尤其來到一個能看到農田的地方，對一個都市小孩而言，一切都太新鮮、太好玩了。

　　剛進入五專，沒多久便開始活躍於學校社團，同時一

> **@感動的一句話**
> 正向思考的社會歷練，造就獨特不凡的人生。

邊做校內工讀，開始不跟家裡拿一毛錢的生活。在學校參加諮商中心的志工團，朋友圈迅速拓展開，認識各系的朋友，同時無形中培養日後工作所需的技能。

曾經投入拍攝校內招生影片、在幾千人的新生前面上演招募的話劇，也參與校內健康大使的選拔，更高票當選擔任志工團 Leader。不僅於此，甚至還在當年人人聞之色變的 SARS 期間，成功舉辦「愛 ‧ 延伸」活動，得到全校熱烈回響。

有了社團的滋潤，學生時期可說是相當充實幸福的。不過，為了負責自己的學雜費、日常開銷，我在校內找可以工讀的機會。回想起來，彷彿是從離家的那一刻起，就像種子受到陽光、水、空氣的養分，快速滋生出自主意識。

當時我心裡想著要快點長大，有獨立的能力不再讓爸媽擔心。

儘管家裡經濟小康，爸媽也時常問我錢是否夠用。但一想到家中還有弟妹，他們又讀私立學校，只希望家裡的資源多讓給他們。校內工讀的薪資，其實很夠學生的平時開銷，不過寒暑假還是必須四處打工，從洗車工、補習班家教、大賣場保全、到餐廳廚師，這些都做過。賺來的錢足以支付每一學期的學雜費，順利完成五專學業，同時還如願考取台科大的營建系。

## 不怕走人少的道路，畢業開啟我的「工地人生」

許多人會問，你是台科大畢業的學生，怎麼會選擇到工地工作？其實我在考上台科大那年，就聽聞五專的學長在寒暑假會到工地打工賺外快。既然是本科系學生，我一直很好奇，到底工地的工作環境、樣貌，長什麼樣子？

人家說：「讀萬卷書，不如行萬里路」，那年暑假是我第一次到工地打工，也是這個機會，讓我與建築業結下不解之緣。

　　工地裡其實有很多工作，連帶有許多不同職稱。以甲、乙方的建設公司來說，會指派員工組成團隊去管理工地，搭建臨時工務所或是在外租賃店面當作工務所辦公地點，所以會有工地主任、副主任、監工等位階。而所謂的領班則屬於承包商角色，例如鋼筋、模板、水電等承包商就會指派領班到工地，負責指揮底下工班師傅及協調解決工程界面相關的問題。

　　身為門外漢，去打工沒得選一定是做「粗工」，也就是要配合工程進度，到每個工地做各種大小雜事。記得當時我被分配到天母國小，當時學校建築的屋頂要重新施工，我要拿著破碎機將隔熱磚打破、搬運石塊、清運廢料，還要將粉塵吹乾淨，為的就是後續的防水工程施作，也曾經到三芝的海邊蓋濱海公園，拿著破碎機將舊有混凝土塊打除……基本上，粗工什麼都要做！

　　當粗工很辛苦，什麼勞力活都得做，而且跟著工程逐水草而居。雖然辛苦，但對於還是學生的我來說，一個月下來，拿到一筆沉甸甸的薪水袋，滿足感十足，所有辛苦都值得了。以當時粗工的日薪來說，新台幣1,500元／日，如果當月做滿30天，等於可以拿到台

幣 45,000 元。

不僅學費有著落，還有多餘可當生活費用。領到薪水那一刻，是人生第一次的成就，而且是充滿感動的幸福。

在二十歲那年，能夠領到一份完整的薪水，而且是靠自己雙手賺到的錢。當時想的是「我已經有能力養活自己了」。當年紀小的時候想趕快長大，我也是這樣子過來的。

完成大學學業後，同儕都在思考未來出路，大多數同學都選擇念研究所，繼續取得碩士學位，沒有升學的同儕不是去技師事務所、顧問公司，要不就去考相關領域的高普等考試，到公家機關謀求一份穩定的工作。

當時的我，心裡卻有一股奇妙的聲音：「我想去第一

**@感動的一句話**
百萬年薪也是用種種血淚、辛苦、專業，所積累出來的成果。

面對生命的十個感動

線工地，好好認識建築業的最基層。」

## 毛頭小子勇闖工地，被師傅嗆什麼都不懂

即使是國立科技大學畢業，我也經歷過起薪 22K 的時代，但隨著能力的提升，一路從 22K 加薪至 53K。加上證照津貼補助、三節禮金、年終獎金，畢業後逐漸累積專業，在工地的監工一職，也能達到年薪百萬的。

但這百萬年薪，的確也是用種種血淚、辛苦、專業，所積累出來的成果。

能在工地生存十年以上，足以證明自己刻苦耐勞的性格，期間持續進修考取多張證照，又以「工地主任執業證」、「職業安全衛生管理員」兩張證照最為吃香。在工地現場同時擁有這兩張證照的人，實在不多。

### @感動的一句話
不停的多看、多聽、多學，
以強化自己的專業，也學習與人應對的技巧。

　但你知道嗎？我剛畢業到工地，也是經歷過各種嘲諷、被師傅瞧不起！

　一踏進工地，才知道學校教的只是皮毛，理論與實際之間有一大段落差。儘管公司有提供教育訓練，但要去工地現場稽核施工品質、監督施作項目是否正確，每項技術都牽涉非常專業的 Know-How。儘管依圖監工看每項施工的查核標準，但對於一臉青澀，一看就是剛出社會的我，馬上就踢到鐵板。

　工地大家都說台語，記得有一次，一位正在貼磁磚的師傅，看到我馬上就來個下馬威。

　師傅：「少年欸，來來來，你知道這是什麼嗎？」

　我回：「我翻一下施工圖面，看你做的對不對……？」

　師傅接著說：「你甭看啦～你根本什麼就不懂，我在這行已經二、三十年，你一個剛畢業的小毛頭，你要來監督我？」

　面對師傅帶有挑釁的態度，當下很挫折，但又無力反駁。

　確實我不如這些老師傅，追根究底就是自己的專業度

不足。雖然不甘心，轉念一想告訴自己，我能做的就是加強自己的專業。於是，每天在工地幾乎待上 14 到 16 小時，每位師傅都比我經驗老道，而我只能不停的多看、多聽、多學。除了強化自己的專業，也學習與人應對的技巧。

挫折，往往是讓自己成長的養分。不要怕失敗，人生處處是機會。

要達到公司設立的安全、進度、成本目標，同時又能跟周邊鄰房做好敦親睦鄰的工作，還要與一群師傅交心，管理工班讓現場進度順利推進。一份監工的工作內容，難度、廣度、深度，超乎許多人想像！

不過，我始終相信，每天只要比昨天進步 1%，一年就成長 365%。

就像考取「職業安全衛生管理員」這張證照，全公司上千位員工，每年能拿到這張證照的人，一隻手能數出來。而我為了提升自己，善用方法找考題、鑽研專業知識，當年全公司只有兩個人拿到這張證照，我就是其中一員。甚至在尾牙 1,500 多名員工面前，在舞台上從董事長手中，領取台幣五萬塊獎金。

種種的經歷，讓我體會到當自己的專業能力培養起來，在工地的溝通自然很順暢。過去因為自己專業知識的不足，就像身體生病找不到藥方，所以講出來的話自然會受到工班師傅們的質疑，當補足專業知識後，講出來的話自然就能讓師傅們信服，所有溝通的障礙也就不藥而癒了。

## 一場危及生命意外，看盡工地人生百態

許多朋友都這樣描述我：「你是個能轉換負能量，散發正能量的人！」而我思考著：「為什麼處於人生的谷底，還能笑看人生，等待明天的黎明到來？」

事實上，進入工地前三年，我每天都想離職。

與同學相比，他們工作不僅朝九晚五，還能固定享受

面對生命的十個感動

> **@感動的一句話**
> 沒有任何人是不被需要的，有機會將別人的安全照顧好，
> 那是在累積生命的福報。

周休二日，當時大家年紀還輕，每個禮拜朋友圈幾乎都有邀約到處玩。當時我不禁心想，怎麼大家一樣學歷、薪水差不多，我的工作卻這麼辛苦呢？

尤其工地環境充滿意想不到的危險，有裸露的鋼筋、鐵絲、釘子，還不適應環境時，一不小心衣服被割破、莫名受傷流血是頻繁的事。加上專業方面的挫敗，當下時常都在想，要不要轉職？

後來一件工安意外，卻讓我意識到，自己的工作內容其實非常有意義，我是「工地的守護者」，守護所有工人的性命。

當時有一位粗工叫「阿達」，他體重高達 130 公斤，外表圓滾滾的，臉上永遠掛著沒有心機的笑臉，就像一尊彌勒佛。他的個性待人真誠，交代事情也會努力完

成。

當時工地正處 1FL 組模完成，與周邊臨路間有段開口，準備待灌漿時一併填滿。至於開口，模板師傅暫時搭建 4 根木頭當作臨時通道，配合兩側的臨時護欄，而阿達走在臨時通道上，卻不小心整個人跌到下面的邊坡，撞到頭陷入昏迷。一時間情況危急，一來他體重因素、二來空間狹窄，光要把他拉起來就耗時許久。

還好現場有吊車，趕緊找鷹架用的踏板讓他盡可能平躺在上面，用吊車的布繩把他固定好，再讓三噸半的小貨車在門口準備。當吊車把他吊到貨車上後，馬上送往醫院急救。

我陪著阿達在小貨車上，試圖不斷叫他看能否叫醒，但他始終沒反應。當下覺得問題蠻大條，趕緊打電話給他的老闆，請他聯絡家屬，同時也回報公司，做後續的處置及通報勞檢單位。

在醫院等待的漫長時間，阿達的老婆抱著剛出生不久的小孩趕到醫院，一副驚慌無助的神情，至今還歷歷在目。她不斷拜託醫生、拜託我們，瞬間讓人鼻酸、眼眶泛紅，心想阿達結婚不久，還有一個不到一歲的小孩。

他教育程度不高、人也純真，要是有個三長兩短，從此
害一個家庭破碎，那該怎麼辦才好。

當時我只能不斷請阿達老婆不用擔心，所有的醫療費
用、後續生活費公司都會負責。那是我在工地第一次遇
到這麼嚴重的工安事件，阿達的年紀與我差不多，感同
身受地聯想自己，萬一今天墜落的人是我，自己的爸媽
會有多擔心？一股同理心油然而生。

### 相信絕境逢生，在轉角遇見另一個機會

幸好，經過兩個鐘頭搶救，醫生走出急救室，告訴我
們阿達只有輕微腦震盪、胸腔骨折跟其他挫傷，其他症
狀先住院觀察。至少恢復意識了，這時我才放下心中大
石。

沒想到幾天後，阿達不在家休養竟出現在工地，一如
以往展現他的笑容。他問我明天可不可以來上班？我看
著他頭上的包紮、左手還有三角巾吊起來，反回他：
「急什麼，身體復原再來就好！」

我知道他的言外之意，他一個人要撐起家中所有經
濟，尤其粗工是日薪計算，少做一天，小孩的奶粉錢可

能就沒著落。不等他再開口，我馬上接著說：「你休息的這段時間不用擔心，薪水照算，你安心把傷養好！」

他露出天真無邪的表情，真誠向我道謝，心裡頓時充滿感動。心想：「太好了，阿達沒有事，這個快樂美滿的家庭沒有破碎。」也是工地種種的眾生相，讓我看盡人生百態。

後來我斷了離職的念頭，逐漸找到工作的成就感。所有的行業裡，營建是常年職災發生率居高不下的產業，在工程進行過程中，一定要把勞工安全擺在第一位。如果我能比每位勞工多想一步，把可能遇到的危險化解掉，讓工地現場的勞安設備更加完善，讓工程意外達到零風險，這就是我工作的使命。

看到所有勞工快樂出門、平安回家，就是我最大的欣

> **@感動的一句話**
> 挫折，往往是讓自己成長的養分。
> 不要怕失敗，人生處處是機會。

面對生命的十個感動

慰。每位勞工都要扛起家裡的經濟重擔,每位勞工的家裡都有一盞燈等著他們回家。

　　我逐漸對自己的工作充滿感恩,沒有任何人是不被需要的,有機會將別人的安全照顧好,那是在累積生命的福報。於是,我告訴自己,不論是生活、工作,碰到的人事物都是上天最好的安排。正向思考,總能絕境逢生,在轉角遇見另一個機會,或是迷路時找到出口。

### 工地之餘熱愛大自然,學習讓子彈多飛一會兒

　　每天在工作平均待上 15 小時,我發現自己最抒壓的方式是在休假時往郊外跑,不論是爬山、騎車、玩水都是我的最愛。就像當年從都市放飛到宜蘭念書,那種回歸到大自然的舒心,是我充電、尋求工作突破的最佳管

---

**@感動的一句話**

正向思考,總能絕境逢生,
在轉角遇見另一個機會,或是迷路時找到出口。

---

面對生命的十個感動

道。

回歸大自然讓我正向思考，無論何時，就算遇到再危急的事，即使是一籌莫展的僵局，也覺得充滿希望，一定會有解套的方式。尤其戶外的安靜，更能調適自己的心情，沒有多餘的對話，反覆思考工作發生的錯誤決策，該如何避免。

「別急，讓子彈飛一會兒」，急躁的性格容易出錯，面對事情的發生，只要不危及生命的急迫性，先冷靜下來，讓子彈飛一會兒，不要因誤判讓事情變得更不可收拾。

例如有一次我帶著圖面去工地現場查核，有一位砌磚師傅問：「少年欸！你看這樣砌對不對？」

當時我沒有深入了解，看著圖面一眼就說：「OK啦！你就這樣繼續做。」

沒想到兩天後，工地主任來巡查馬上就問這地方怎麼做錯了？工班師傅跟主任回報，表示問過我，是我說沒問題的。

後來才知道，原來圖面有經過修改，但我手上的圖沒有更新，導致最終那道牆要整個打掉重做。這次經驗讓

我體會到，如果當時不急躁，靜下心來進一步跟工地主任確認，這樣的失誤就不會發生了。

偶爾讓子彈多飛一會兒，不一定是壞事。

### 十年有成深蹲基本功，下一步找尋新的里程碑

當我退伍後，進入工地沒想到一待就是十年。十年光景，說快也真是一眨眼，彷彿不久前才到公司面試，轉眼就過去十年。心裡開始有一股聲音，想走出圈子看看不一樣的世界，我的人生不該只是這樣，未來有更多可能性，所以我該為自己設立人生另一段里程碑了。

每當工作感到辛苦的時候，總是想起一位學姊說過的話：「感覺辛苦時，正在進步中！」

這句話真是充滿哲理，而且成為我的人生座右銘。仔細想想，在做任何事的當下覺得格外辛苦、甚至痛苦的時候，其實自己沒看到的，是正在一點一滴的進步。如果沒有爬到山頂，又怎麼知道自己能看得多遠，如果沒有經歷辛苦，是沒辦法看到美麗的風景。

所以我開始樂在其中，十年磨一劍後，對建築、房地產仍充滿熱情，想要在建築產業學習更全面，成為建築

通才，未來計畫轉職品質勞安稽核員、土地開發評估或
是房屋銷售領域，用不一樣的角度來重新欣賞建築。

在邁向新的里程碑同時，也幫家裡創立的獨木舟事業
「海島舟記」，協助做網路行銷。

海島舟記的創辦人是許小光，當獨木舟划行於太平洋
海面上，看著太陽緩緩升起、划經斷崖絕壁、穿越海蝕
洞與登陸無人沙灘，從海的角度回頭再看這塊島嶼，你
會認識到不同的臺灣。兩人一艘的浪漫氛圍，造就不少
的情侶告白成功，甚至還配合新人上演精心設計的求婚
安排。還有很多家長帶著孩子來參加，從小就有跟海的
接觸經驗，不至於長大後對海會恐懼。不論是日出團、
夕陽團，讓我們可以一槳一槳地探索這塊美麗島嶼，到
達平常人車到達不了的景點，探索秘境美景，讓人重新

面對生命的十個感動

感受臺灣之美。

生命追求的不是長度，而是寬度；要增加生命寬度，需要不斷嘗試、拓展自己新的領域，試著讓自己更全面跟社會、世界接軌，這才會讓自己有更全面、完整的進步。

拓展生命的寬度，提高自己的格局。不怕做任何嘗試，不管在人生哪個十字路口都不需擔心，改變才是成長的開始，任何決定都會是上天最好的安排。下一個十年，我要追求自己的生活方式，用自己的態度燃燒生命，用自己的耕耘創造巔峰。

希望透過我的故事，紀錄自己人生的里程；

希望透過我的故事，持續拓展合作的機會；

希望透過我的故事，打開金字塔頂端的世界觀。

---

### @感動的一句話
生命追求的不是長度，而是寬度；
要增加生命寬度，需要不斷嘗試。

**@寫下感動備忘錄 MEMO**

# 6
# Life Story

# 用心品嘗生活中每一刻
# 感動自己也感動別人

—— 企投融資生態圈聯合創辦人

**黃嘉倫**

# 關於 黃嘉倫（KenGy Ng）

**現任》** 企投融資生態圈聯合創辦人

**經歷》** 高中畢業于巴生中華獨立中學
擁有新紀元學院平面設計專業文憑
STORM 暴風亂打團長
業餘攝影師
馬來西亞第一商業週報 —— 大橙報廣告行銷經理

**座右銘》** 相信你所相信的，路會為你而開

**聯絡方式》** Facebook 粉絲專頁：
企投融資生態圈 EntreVestors Ecosystem
https://www.facebook.com/QTRZE/

面對生命的十個感動

# 「只要心中不放棄，就沒有做不到的事。」

## ── 黃嘉倫

你會如何定義「感動」呢？對我來說，也許是別人幫我完成我想做卻沒做到的事而感動；可能是看到一個人一直堅持做一件事，那股精神感動大家；或許是看到一家人三代同堂，奶奶與孫子的真實互動而感動；也可能是看到一位身體殘缺的人，站上舞台用他的經驗感染一群人，鼓勵一群人變得更好而感動。

我覺得生命中的感動，不一定是悲

傷的，它可以是快樂的，能從很多小事情累積而成的。一點一滴，慢慢釀成一杯有故事的茶，當您喝起這杯茶的時候，自然能體會到源源不絕的感動韻味。

我活到現在三十歲出頭，自認生命不算經過什麼大風大浪，但是，我卻非常努力找尋人生的精彩細節，把握每個瞬間的感動。我相信每件事都有感動人心的意義，讓我用這個機會與您分享我的生命觀。

我是黃嘉倫，這是我的小人物、大感動的故事。

## 家庭拮据，我從小累積「銷售」經驗

我出生於馬來西亞的雪蘭莪州巴生（Klang, Selangor）祖籍來自福建，這個地方最盛名的就是肉骨茶。記得小時候，有段日子家裡經濟不太好，我們一家人的晚餐就靠一包福建麵維生。懂事之後，我開始知道，想要得到東西就必須靠自己的努力和付出。也因為如此，我比同齡朋友更早踏進社會，兼職工作賺取自己的生活費，不給家裡再添任何負擔。

我的第一份兼職工作，回溯至小學 3、4 年級，那時週末會在媽媽經營的咖啡店幫忙，幫顧客點餐、遞飲

> **@感動的一句話**
> 沒有什麼是不可能。

料、到結帳,全部都經歷過。爸爸是從事裝修行業,偶爾我有空閒時,也會跟他到工地裡幫忙打雜。上初中後,也曾和舅舅到夜市擺攤,還有淩晨到批發市場賣鮮魚。高中時期,與幾位同學在週末到酒樓,當臨時服務生幫忙端盤子,也曾到街頭發傳單。

過去一點一滴的兼職銷售經驗,沒想到在我日後的工作,成為重要的養分。

因為從小在茶餐廳、咖啡店打滾,慢慢學習看大人的臉色,也學會分辨各行各業不同人的樣子,讓我學習應對進退,對往後工作在人際應變、危機處理很有幫助。

二〇〇七年,高三畢業那年家中經濟沒有足夠預算,於是,我的第一份全職工作在一家名為「書鄉」的複合式書店餐廳工作。書鄉這間店坐落在巴生的永安鎮,餐

廳規模不算大，我加入一年後因主管離開，加上我熟悉工作環節，老闆娘看中我的能力，一路從服務員被拔擢到副主管位置。

但是，在書香工作這段日子，我知道這裡不是待一輩子的地方。我想繼續升學，我想繼續往上成長，去更多地方增廣自己的見聞，所以偶爾都會在思考人生未來的方向在哪裡，我相信這是很多剛畢業的年輕人會迷茫的地方。

### 玩音樂，讓我意外獲得大學入場券

雖然在中學要幫忙家裡打工，但我的校園生活沒有因此失色。中學時我加入學長團，還有吉他社，其他兄弟好友們則在華樂社，我們結合華樂（指國樂）、吉他、打擊樂，成為一種新型態的亂打表演藝術。中學畢業那年，一場華樂和吉他社聯辦的演奏會，沒想到會成為我們生命的轉捩點。

在音樂會現場，被我們的經紀人 Veronica 相中，她告訴我們有一場全國性的才藝比賽。我們在這場比賽中，進入總決賽得了季軍。也因為這個機會，算是一腳

踏進半個演藝圈,我們團名是《STORM》暴風亂打,
週末偶爾到全國各地表演。有時也會參加一些重大節日
的晚宴演出,和本地藝人一起同台表演,有一年就與香
港、馬來西亞藝人在跨年倒數派對同台表演和主持,有
幸第一次登上電視螢幕及報章媒體。

於是,我一邊在書香工作,週末就到處表演。因為累
積不少表演經驗,經紀人知道我們家裡經濟狀況,也知
道我們想讀大學的心願,她向新紀元學院(現升格為
「新紀元大學學院 New Era University College」)
推薦。

沒想到,結果出乎意料,我們成功透過音樂類才藝獎
學金獲得入學資格,一圓我們的大學夢。

正因為有這個難得的機會,我格外珍惜,在大學畢業
典禮那天,我得到系上書卷獎,以成績前三名之姿畢
業。這件事是我深感光榮,家族裡沒幾位小孩能念到大
學畢業,而我感動的那一刻就是看到家人在台下,見證
了我帶上四方帽領證書的這一刻。

「沒有什麼是不可能。(Nothing is Impossible.)」
成為我當時的座右銘。

　　不論是大學對課業的堅持而獲得好成果，又或是中學舉辦生活營，當時苦惱如何找到三百多人的活動場地跟烹飪器材。我學習用盡各種方法解決，只要心中不放棄，就沒有做不到的事。

　　在表演生涯當中，我經歷許多感動時刻。曾有台下觀眾在我們巡演之後，跑來告訴我們，他好喜歡我們的亂打表演，也有些觀眾告訴我們：「你們要繼續表演下去。」簡單的幾句話鼓勵，卻是對舞臺上的表演者來說，是超過金錢物質的肯定，因為表演最終的目的，就是打動台下的觀眾，娛樂大家。

　　當掌聲是一種讚賞，觀眾的讚美就是一種莫大的成就。

> **@感動的一句話**
> 只要心中不放棄，就沒有做不到的事。

面對生命的十個感動

### 練習斜槓，不侷限自己的格局，敢於接受挑戰

大學一邊讀書、一邊表演，但我沒有刻意侷限自己的格局，只要生活中有任何機會，我都抱持高度興趣去學習，做就對了。成為人像攝影師就是一例。我在大學主修平面設計，系上有些課程與人像、產品影像有關，剛好一位朋友爸爸是開攝影公司，專門拍大學生畢業紀念照跟全家福。

他們公司剛好欠缺兼職人員，於是我們幾位大學生從發傳單開始，學習拉攏客人來拍照賣配套，接著機緣巧合下轉而學習當攝影師助理。感謝我的攝影啟蒙師傅 Janson Lee 一路的提拔，也榮幸成為他第一代的學徒，讓我從攝影助理學習到成為攝影師，如何與客戶互動、拍攝角度、燈光，都受惠他的用心教導。

> **@感動的一句話**
> 當掌聲是一種讚賞，觀眾的讚美就是一種莫大的成就。

攝影社的服務主要在畢業典禮過程，當學生上台領取證書時候拍下歷史性的照片，還有會場外畢業生的畢業照和全家福。每次拍攝完全家福，家人們滿意和開心的表情，以及一句「謝謝你」就是滿滿的成就感。

在逗長輩們笑的時候，更是有趣，但這是我所堅持的，因為這張照片，他們是要掛在家裡牆上一輩子。這張照片背後的意義，可能是父母花了一輩子的心血，終於讓子女讀完大學的見證，更是一個家族的榮耀，一個人的人生重要的一環。當他們看到這張照片就會有莫名的感動。

第一次有機會出國，是飛到南非，也是因為攝影工作。當時公司長期配合的大學在南非有分校。於是我們飛到南非的 Botswana 和 Lesotho 兩個城市待了兩周時間拍攝畢業典禮。我想，如果當時沒有想去學習攝影的決心，少了斜槓的毅力，我也沒有機會可以有一天到南非增廣見聞。

我非常相信，每個小小的成就，將會築成大大的榮耀。

### 跳脫設計，轉戰媒體業，正式踏入銷售工作

大學畢業後，表演工作因為其他成員有職涯考量，所以沒有持續表演這條路，但至今大家感情仍很好，還是會相顧關心彼此近況，有些成員也當爸爸了。

我拿到平面設計的學歷後，在實習的三個月裡頭，發現當時在馬來西亞這一行的畢業生出路其實很窄。主要就兩條路：一是自己接案；另一模式是到設計公司當設計師。但我知道這兩條路都不是我想走的方向，於是畢業後，我又給自己新的挑戰，到全新領域、全新職務，訓練自己的能耐。

二○一二年，我到一家傳媒公司「大橙報」工作，大橙報是馬來西亞第一家中文商業週報，我在裡面主要從事廣告銷售業務。平常工作任務找廣告商洽談，讓他們在我們的報紙刊登廣告。此外我也參與一些行銷及舉辦線下商業活動等。

我從一位學平面設計的畢業生，轉換跑道去賣報紙廣告做銷售，從此改變我的人生路徑。

事實上，一開始我對「銷售」這件事非常抗拒，但經過當時總經理的一番話，感動了我接受這個挑戰。過去

> **@感動的一句話**
> 我非常相信，每個小小的成就，將會築成大大的榮耀。

身邊朋友不乏約我做保險、傳直銷，當時我都拒絕了，認為這不是我擅長。還記得工作第一年每天都覺得很痛苦跟抗拒，我的老闆要求我去大場合一定要找最大主席、CEO、部長層級的人交換名片，甚至週末也要不斷打電話客戶邀約。

當時工作遇到瓶頸，甚至好幾個月業績沒達標，提不起勁上班，離職的念頭一直湧現。不知方向在哪，有種不踏實的感覺，壓力大到想放棄。

還好，透過和長輩的一些談話及鼓勵，還有在活動認識新朋友聊天和閱讀了一些財商勵志書，讓自己慢慢提起精神來，改變信念繼續奮鬥。

所以，我開始相信辛苦是值得的。踏入廣告銷售行業後，開始結交五湖四海的朋友，也因為這幾年的工作生

> **@感動的一句話**
> 每個行業都不能缺少「銷售」的價值。

涯，讓我印證一句話：每個行業都不能缺少「銷售」的價值。

　　我要趁這個機會，感謝引領我進入媒體廣告銷售行業的 Veronica Tang。感謝妳對我的栽培和付出，過程中的酸甜苦辣與波折，讓我學習成長及見識了這個世界。也感恩這些年妳的教導，對我的提拔從高中三年級到大學畢業，甚至出社會工作到現在成家立業，妳的教誨我依然記得。

### 男人背後都有一位默默付出的女性，學會感動她

　　除了在工作上要感謝提攜的人以及同事夥伴之外，當然還要感謝我的家人，父母都很自由的讓我們兩兄弟選擇要走的路，甚至支持我們到成家立業。另外一個人就

是我的太太俐汶，我們在一起愛情長跑十年，從中學、高中、大學到工作，終於在三年前修成正果步入禮堂。我們是在「八獨中學長團生活營」過後的一個網路論壇裡認識的，我們兩人不是同一間中學，當時網路還不發達，只能用閒暇時間透過「MSN」在網路聊天，還有回復電郵。後來大學時，她從馬來西亞到臺灣新竹念書，我們開始談起遠距離的戀愛，其實之前我們也是遠距離戀愛，相隔一個城市。

感謝她一路在背後的支持，幫我打點生活上的一切，讓我無後顧之憂的在事業上衝刺。作為男人偶爾要學會製造小驚喜，買一些小禮物來感動你背後的女人，學習如何感動她，並不一定是物質，它也可以是一個動作或行為就可以溫暖她。

記得在婚禮那天，看到她爸爸交代我要好好照顧她女兒的那一刻，我馬上落淚了。淚水代表看到偉大的爸爸，親自把女兒交給另一位陌生人的感動，同時也是我要攜手另一位人生伴侶的感動。

### 被使命而感動，職涯再升級，專注產業金融教育

因在媒體廣告行業累積多年經驗後，瞭解到各行各業的商業模式、資本市場、IPO（全名為「Initial Public Offerings」，指首次公開募股）上市，自己想更宏觀理解資本市場運作。於是在現任老闆兼夥伴 Allan Tan 再三的邀約下和他的那份使命感，感動了我。在考慮了兩年後，才轉到金融產業。也從那時開始瞭解到了什麼是創投 VC（即創業投資，全名為「Venture Capital」）、股權眾籌、區塊鏈、人工智慧、獨角獸等行業名詞。

Allan 原本是我在媒體公司的顧客，他們在六年前把中國的股權眾籌概念帶到馬來西亞，我過去協助他們舉辦相關大型論壇。可能是工作表現受到青睞，他對行銷活動的成果感到滿意，加上他們缺乏市場規劃、線下活動、媒體推廣相關能力的人才，於是我考慮很久，最終認為這是個自己成長的機會，應該要好好把握。

兩年前我們公司內部創立「企投融資生態圈」教育平台，目的連結企業家、投資者和領域專才，並聚焦在新融資／另類融資和新投資／另類投資（包含：股權

眾籌、P2P 網貸眾籌、天使投資、創投私募股權 VC、
PE、上市 IPO）這一塊的知識與實際應用。提供生態
夥伴實戰的方案，搭建良好的投融（指投資、融資）生
態圈。

　　在資本圈看過很多商業計畫書，看到許多創業者的精
神讓我深深感動。有些人在公司還在虧錢時，創辦人
仍是堅持理念繼續經營下去，甚至四十歲的高階經理
人，為了理想仍冒險出來創業，放棄原本高薪工作。
隨著馬來西亞創業氛圍慢慢活絡，眾籌（指群眾募資，
crowdfunding）、創投的案例越來越多，我們相信這
是解決現今企業資金的新管道方式。

　　真正長大後才發現，要營運一個生意是非常不容易。
我發現思維是影響成敗相當重要的事，也是很恐怖的

---

**@感動的一句話**
不要只看現狀，而是用更大格局看大方向。

面對生命的十個感動

事。我算是內部創業，也是半個老闆，一路打工以來，慢慢學習用老闆的角度去思考全貌，思考長遠結果而不去只看短利。

現在看到員工的樣子，我就像看到年少輕狂的自己，當時也會頂撞老闆，覺得老闆很刻薄。但自己成為管理者之後，才知道原來過去的老闆，許多佈局都有他的用意。所以我學習到，不要只看現狀，而是用更大格局看大方向。在工作中受到許多老闆貴人的教導，他們不會高高在上，或在行業待很久而藏私，從他們身上學習到很多受用的行業知識。

當然，出到社會打拼以後，開始接觸的人越來越多，形形色色的人都有，有成功人士、企業老闆、生意人、投資者等等。因接觸不同領域的人，慢慢影響我對接下

**@感動的一句話**

很多人是因為看見而相信，只有很少一部分人是相信而看見。

來的人生，有不一樣的想法，它不再是那個你想要得到，就是一味付出和努力的時代，而是得用對的方法和對的思維。第二個在資本圈看到的感動是「堅持」，創業這條路不好走，三不五時面對資金不足、團隊分歧、生意不好等困難。這時也是許多人最想放棄的時候，但能堅持的人，因為能保有自己的初衷，所以願意堅持下去。我對工作上敬業的人深感佩服，尊重自己的事業，把握每個當下全力以赴。

這幾年的改變，我要感謝現在的老闆兼夥伴 Allan，感謝他三年前邀請我加入資本金融領域，讓我更深入學習與實踐，和他一同肩負同一個使命。二〇一七年，我們內部創辦了一個新教育平台，叫「企投融資生態圈」，感謝大家的信任還有支持，以及那股堅持的毅力，我相信我們一定可以做得到，做得更好。

### 相信你所相信的，路會為你而開

「相信你所相信的，路會為你而開。」是我工作後這幾年，相當信奉的人生座右銘。

出社會後發現有些事情很難達到理想狀態，我在工作

第二年，開始接觸一些培訓老師的課程和他們交流，讓我的大腦彷彿升了一級，學習力倍增。還記得第一次上的課，是 Michael 江緯辰老師的 4U 課程，讓我瞭解了人性這件事情，原來是可以用四種方式 DISC 來辨別。這是國外企業廣泛應用的一種人格測驗，四個英文字母分別指 Dominance（支配性）、Influence（影響性）、Steadiness（穩定性）、Compliance（服從性）。而這也讓我知道人與人相處為什麼會有矛盾，很多問題只因為我們不瞭解對方，還有不瞭解自己。值得一提的是，我在那一次的課程拿了冠軍隊伍，這完全打破了我的信念。

相信自己所相信的，因為有信念，相信自己可以辦到，心裡有這股相信的力量就不會茫然，就可以辦到、可以做到的。當別人不相信你的時候，你可以瀟灑的回應他：我相信你所相信的。套用馬雲說的一句話：「很多人是因為看見而相信，只有很少一部分人是相信而看見。」

再來，就是卓天仁老師的經驗與分享，讓我覺得是時候大膽的跨出那一步，雖說現在沒有什麼豐功偉績、大

事業、大成就，但每個故事都會在不經意的時候感動一些人，產生共鳴，改變一個人。感謝卓天仁老師，華人出版經紀人給予我這一次機會，讓我可以分享我的小小故事，同時也鞭策我自己得更加努力越做越好。

　　我相信在這個世界，不是只有你面對過這個問題或困擾，在這同時有好幾個甚至好幾百人也是一樣的面對著同樣的問題，但為什麼結果都不一樣，那就是在於你如何去面對，如何去解決，而不是在自怨自艾。一則小小的故事，會與你產生共鳴，它甚至可以鼓勵一個人，就像我在人生低潮的時候，也會翻看一些心靈書籍擊退負能量，看一場電影，聽一首歌打打氣。

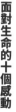

面對生命的十個感動

> **@感動的一句話**
> 相信每個小小的幫忙，都是一股力量。

### 感動在我生命中，是非常重要的元素

在別人眼中的我，或許是辦事能力還不錯，好像什麼都知道一點的一個人吧。畢竟工作關係，接觸的人自不同領域，所以知道的東西自然多一些。當然，我還是依然那樣樂於助人，非常樂於分享所學的給其他人，或者給一些建議。

偶爾有些朋友來諮詢我意見，我也非常樂於分享，因為我相信每個小小的幫忙，都是一股力量。另外，我也相信卓天仁老師說的一句話：「財富的差距就是知識的差距」，有錢人懂的東西比你多，就像趨勢也一樣，成功的人就是掌握了趨勢。我希望把我所學的、所知的分享給更多人，讓他們從中受益。

我是一個時時刻刻會反思和換位思考的人 —— 如果今

天我變成他們，我又會是如何去面對我的生命呢？他們的一舉一動都感動人心，因他們做了一般人都做不到的事情，比一般人付出更多我們看不見的努力。所以，感動在生命中是一種必須存在的情感抒發，如果一個人無法被任何一樣東西而感動，就不會感動其他人，那生活就不再精彩了。

　　雖然我的人生故事沒什麼大起大落，感動人心的大事件，但每個過程中都有非常多精彩絕倫的故事，這一點點的故事，都是讓我去品嘗和尋找那一瞬間的感動和意義。

　　希望正在閱讀此書的您，未來在生命的一些節點上，透過我的分享與您產生那一絲絲的共鳴，對於生命中的感動，有不同的領悟與學習。我相信，有這一份感動的力量，讓我可以用真心誠意付出去感動更多的人，感受這個世界與生命。

面對生命的十個感動

# 從科技新貴到包租公
# 再變身超級業務員的學習反思之旅

—— Fintech 不動產債權包租公平台業務主管

**陳振中（Alex Chen）**

# 關於 陳振中（Alex Chen）

**現職**》　Fintech 不動產債權包租公平台業務管理職

**學歷**》　交大電信學士、台大電機所碩士、政大科管所碩士、外貿協會 ITI 英文組

**經歷**》　2016 ～迄今　Fintech 不動產債權包租公平台
2013 ～ 2015 年　瑞昱科技 PM
2011 ～ 2013 年　聯詠科技 PM
2010 ～ 2011 年　聯發 / 雷凌科技 PM
2004 ～ 2008 年　原相科技 RD（經歷 IPO）
1999 ～ 2003 年　華寶通訊 RD（經歷 IPO）

**座右銘**》　**正派、誠信、踏實、永續。**

**使命**》　**透過分享，讓更多生命實現財富夢想，振奮心中。**

**聯絡方式**》Email：ccc929@ntu.edu.tw
Line ID：iphone2478
Wechat ID：richfun72
Facebook：https://www.facebook.com/ccc929
或參觀「Alex@ 有錢人的商業思維」網站：
http://www.richfun72.com
Line@：line.me/ti/p/@ntm8685c

面對生命的十個感動

# 「強迫自己不斷學習，讓自己處在不滿足於現狀的空杯狀態。」

—— 陳振中

在別人眼中，我是大家欽羨的「科技新貴」，從交通大學電信工程學系、臺灣大學電機所畢業後，搭上臺灣科技產業的熱潮，先後在兩家電子公司，參與 IPO（首次公開募股）階段，當時年薪搭配公司草創認股及分紅配股，一年賺上新台幣三、五百萬不是難事。

許多同儕至今還在電子業，混得好的人最大心願就是希望公司股價不要

跌，安安穩穩顧好現在職位；混得差的人則會開始思考轉職，但到了中年後機會跟選擇卻越來越受限，拉不下臉只好繼續委曲求全，過著外界看似華麗，但內心麻木工作沒有熱情的日子。而我，在電子產業待了超過十五年，幾年前勇敢「跳船」，從工程人搖身一變成為專業投資人及超級業務員。

職涯一百八十度大轉彎，掌握自己時間同時也掌握自己的命運。你問我為何有如此勇氣勇於冒險？我想當年小學遇到的那件事件，脫不了干係。

### 從地獄到天堂，老師帶頭霸凌陰影影響至今

初期認識我的人，常覺得我好像不善言辭，若要站上台分享，我就會焦慮到不知該如何是好，甚至腦中一片空白說不出任何一個字。其實我的個性原本不是這樣，時間回溯到我小學三年級。

某次因為忘記帶手帕衛生紙，老師趁此機會把我叫上台講述長篇大論，甚至在全班面前羞辱我，大罵：「如果連手帕、衛生紙這類小事情都做不好，且這麼不衛生，是不是連衣服都不用穿了？」接著，他竟在全班面

面對生命的十個感動

> **@感動的一句話**
> 職涯一百八十度大轉彎，
> 掌握自己時間同時也掌握自己的命運。

前，把我的上衣脫下，全班同學看嚇傻眼。

老師帶頭霸凌，讓我開始變得不愛上學、抗拒學習，成績從班上頂尖變成倒數。

人在團體當中是會看風向，即使是小學生也一樣。那段時間我功課差，常常被其他同學欺負，有些惡霸同學主動竄改我的作業，對的改成錯的，甚至威脅我要幫忙跑腿、掃地、福利社買東西。

這是我人生第一次的低谷，整整兩年的黑暗期不敢讓家人知道。爸媽僅覺得奇怪，功課怎麼突然一落千丈。其實他們不知道的是，長達七百多天的日子，我獨自承受校園霸凌。這個陰影影響至今，我只要上台就會浮現當年被批評、被審判、被檢視的畫面，覺得上台是丟臉、污辱，上台演說成為我一輩子不願面對的夢魘。

　　還好上天憐眷我，升到國小五年級重換新老師，新的老師發現我在數學科目的潛力，發現我有算數、邏輯天分，特別指派我當班上的數學小老師。他給我的鼓勵跟肯定，完全翻轉我對學習的抗拒。我至今仍非常感謝這位老師，是他讓我從地獄回到天堂，也因為在小學嚐盡人情冷暖，訓練出善於察言觀色、比同儕更加早熟，也對周遭環境變化有更高敏感度。從小學後，我就被訓練出如何在團體中扮演適合的角色，讓自己可以生存下來。

　　小學遭到霸凌，同時也影響我到往後擇友的性格。從小就看到社會的現實面──當你表現好的時候，人家就會主動想跟你親近、想跟你交朋友；當你表現不好時，有些人就會落井下石，甚至聯手一起欺負。

　　霸凌、羞辱，一直是我心裡深處的幽暗。但黑暗處，也有一天能被陽光照射。

　　我開始透過學習，找尋自我的價值，透過讓成績變好，創造我青春歲月的成就感，希望得到同儕、師長的認同，但也是這個習慣，讓我一路走來熱愛學習！

### 透過學習，投資自己腦袋，找尋自我的價值

這幾年我仍持續學習，不論是國內或海外，包括實踐家 Money & You 及 BSE、到佳興成長營，又或是 T. 哈福 · 艾克（T. Harv Eker）撰寫的《有錢人想的和你不一樣》延伸出來，由新加坡商策（Success Resource）所代理的一套進階課程「量子飛躍」，過程中來回飛新加坡、馬來西亞上課。

近三年投資自己腦袋的預算，超過新台幣三百萬元。

你問我為何如此熱愛學習，一直上課的原因，一方面我喜歡學習氛圍，讓我沉浸在充滿追求知識的場域內；另一方面我希望透過學習機會，找尋新的人生跟事業方向，每次上課也在鞭策自己心性、消弭惰性。

這幾年接觸到商業管理的理論，我才知道，原來我從很小的時候，就把「以終為始」（Begin with the End in Mind）的種子，埋在我的潛意識並充分實踐在日常生活當中。

「以終為始」是史蒂芬 · 柯維（Stephen R.Covey）在《高效人士的七個習慣》（*The 7 habits of Highly Effective People*）中提到的第二個習慣。這個習慣主

要描述做任何事情前,最好先確認使命,並在腦海醞釀,然後進行實質創造,也就是先想清楚目標,然後努力實現。它可適用人生各種層面,因為事先認清方向,不但能對目前所處的狀況瞭解更透徹,在追求目標過程中,也不致白費工夫。

老實說,我一路上功課也不是非常頂尖,但每每考試上的順遂我想主因是在國中、高中、甚至大學各個階段,我都在最後一年埋首苦讀,理解力輔佐記憶力,使短期努力可以達到很好的效果。

碩士畢業後,進入第一間公司是「華寶通訊」,當時全世界前三大手機品牌是 Nokia、Motorola、Ericsson,華寶通訊主要幫 Motorola 代工,一年可以生產一億支手機。我是公司的創始員工,創立三個月

> **@感動的一句話**
> 透過學習機會,找尋新的人生跟事業方向,
> 並鞭策自己心性、消弭惰性。

面對生命的十個感動

後我就加入，見證公司從無到有，從新創、IPO 到併入仁寶，員工從二、三十位一路成長到上萬人。

我在這家公司待了五年，見證臺灣手機代工的輝煌時代。

### 實踐「以終為始」哲學，搭上百萬電子列車

接著第二份工作到原相科技，這是一家感測器 IC 設計公司，同樣待了五年。全世界大約七成的滑鼠感測 IC，都是這家公司製造，甚至任天堂 Wii 遊戲的感測器也是他們家做的。我出社會的前兩份工作分別見證公司 IPO 上市，當時股票分紅年薪可高達台幣 300 ～ 500 萬元。接著進入其他臺灣大型 IC 設計公司任職，朋友看到我的經歷，總說我運氣真好。

> **@感動的一句話**
>
> 「以終為始」先想清楚目標，然後努力實現，才不致白費工夫。

　我對他們說：「如果能夠每次都能運氣好，其實也是一種能力。」

　這句話背後，其實就跟我訂下「以終為始」策略有關，例如鎖定一家我想進入的公司，我會想盡辦法了解該職缺需要什麼技能、需要什麼性格人才，去面試前我把公司發展歷史充分理解，並透過各種可能人脈串聯，跟畢業校友的學長姊、同學或朋友的朋友，打聽消息，拼湊出這份工作所需的技能。所以每次面談過程都讓面試官感到驚豔，也讓我有些許的自信認為我應該沒有進不了的公司。

　但你覺得這真的只靠運氣嗎？我會認為其實是「以終為始」的策略奏效。

### 跨領域研究投資學，卻在股票跌了一大跤

　熱愛嘗試新事物的我，在電子公司從工程師轉調過產品經理、行銷部門，我開始感受到，只用工程的知識，思考管理、企業發展的視野，是相當侷限。所以我展開跨領域的學習之旅，我到政治大學攻讀科技管理研究所MBA，也曾到外貿協會 ITI 英文組上過一年課程，目

面對生命的十個感動

前正在廈門大學就讀金融博士班。

而商業管理領域有相當多專業學門，我在科技管理研究所主修財務管理，論文也是聚焦在這方面。目前在廈門大學的博士班則是鑽研金融學。你問我為什麼「財務」會變成是我工程訓練後，變成我的第二專長？

我發現所有知識領域，很多關鍵都在「數字」，最落地的管理還是回歸到數字管理，例如透過財務報表，藉此診斷公司財務數字而洞察商業行為，究竟發生哪些有趣的變化。

你若仔細觀察財務報表，其實能挖掘到裡面隱藏的許多訊息，甚至可以發現許多表面數字的陷阱。這些就需要邏輯推理去鑑往知來，各種表格之間的連結，進而推演出公司營運狀況。這些邏輯跟過去工科的訓練有很大幫助，因為工程實驗就是在看前後因果關係，不同因素加入結果會產生哪些變化。

就讀 MBA 過程中，在老師鼓勵下嘗試全世界公認最難考的 CFA（特許財務分析師）證照，也開始把這些財務知識應用到理財。而我嘗試投入股市，總是不斷追高殺低，一路虧錢，前前後後在股票市場，虧損了至少

> **@感動的一句話**
> 如果能夠每次都能運氣好，其實也是一種能力。

新台幣五百萬元以上。

我開始思考，為什麼我總抓不到箇中精隨呢？股神巴菲特有句名言：「別人恐懼的時候，我們要貪婪；別人貪婪的時候，我們要恐懼。」

我發現永遠都做不到巴菲特說的這句話，股市交易是牽涉各種行為心理學。即使我學了許多財務分析課程，慢慢累積一套對財務、市場走勢的看法等相關背景知識，但在股市依舊虧錢。主因就是我太容易被訊息影響，而我們散戶常常都是站在資訊不對稱不利的那一面，也因此我決定撤出股票次級市場，離開這個傷心地。

山窮水盡疑無路，柳暗花明又一村。上帝關上一扇門，也會為你開一扇窗。

面對生命的十個感動

> **@感動的一句話**
> 所有知識領域，很多關鍵都在「數字」管理。

　　雖然在股市繳了許多學費，但我認為在投資的道路上，不是賺到，就是學到。投資過程虧錢，甚至遇人不淑，但我認為只要正向面對，整理心情重新出發，了解自己為何失敗更加重要。如果因為損失而一蹶不振，甚至對人性不再信任，那才是真正的損失。

### 房產投資看長遠，跳脫工程舒適圈

　　股市投資的失利，我體會到投資時所有雞蛋不要放在同一個籃子。即使是同樣的標的物都要分散風險，尤其投資項目不要一次過多，讓自己能專注在幾個重點且擅長的項目。

　　當時我的工作要到竹科上班，在那邊租房子而認識當地房東。一句無心的詢問：「這邊房地產適不適合投

資？投報率如何？」沒想到開啟我跟他的話題，他變成引領我認識房產投資的前輩。於是，我在十年、八年、六年前，開始並逐步投入現金流套房資產，透過一邊工作、一邊套房收租，讓自己更有籌碼選擇人生的方向。

我之所以選擇投資房地產，主因就是看到它的市場價格波動小，且每年有穩固的租金回報率。股神巴菲特說：「世上只有兩個投資法則，第一條是不要賠錢；第二條是不要忘記第一條。」市面上許多投資項目，有些提供很漂亮的高報酬數字，但背後也是隱藏高風險的賠錢可能。

我投資房產的邏輯很簡單，就是要挑選每年有正向報酬率、風險小的標的物。尤其房地產是很講究地域性，投資者自己如果長期居住該地，會對周邊建案的價格比較敏感，對都市發展也能認識比較深，以掌握較即時的訊息。

有些人買房喜歡快速轉手，左手低價買、右手高價賣，但我傾向不做這套頻繁交易賺買賣價差，屬於現金流派別。因為我認為可預期、風險可控管的穩健投資更重要，這樣才能吃得飽、睡得著、笑得出來。投資不該

讓自己增添更多煩惱！

因為正確的投資觀念使得我在經濟上更穩定，另一方面，也看到電子產業發展的瓶頸及挑戰。中國大陸紅色供應鏈、韓國半導體產業的雙邊夾殺，臺灣代工的企業毛利不斷被壓縮，簡單來說電子工作的 CP 值，不像以前這麼好了。

我開始思考，如果我一輩子在電子產業，現在離開跟五年後離開，究竟有什麼差別呢？

我算了算，可預期五年後工時仍很長，每年就只有在存款是固定增加，但是在能力、視野、學習很難再有成長性。尤其我該待的部門、薪資水準已達到天花板，於是，我問自己，何不趁現在抓緊機會，自己還有學習、時間的本錢，為自己開啟第二人生。

於是，我鼓起勇氣跳脫舒適圈，離開電子轉戰金融業。

你問我怎麼如此勇敢？因為我看到太多前車之鑑，辛苦了一輩子，的確賺到人生一桶金，但離開職場後卻找不到人生方向及自我價值；又或是為公司賣命爆肝，換了一身病，有錢卻無福享受。

當然還有更多人是卡在組織當中，不上不下的情況。年輕的員工，遇到公司重大組織變化，無法獲得資源展現實力，做久了便磨滅熱情、減損熱誠。

很多工程師過去的訓練只會工程相關，其他事情什麼都不會，對生活毫無熱情的人。有些人沒有想清楚就衝動轉換跑道，但卻沒有提早累積創業、開店的技能。事實上，在媒體報導的檯面下，我相信有超過 80% 的工程師轉職創業，大多數是失敗案例。

### 轉職、投資，都強迫自己不斷學習的空杯狀態

因為小學的陰影，讓我開始把專注放在自我學習，甚至這個習慣就埋藏在我的潛意識當中。喜歡強迫自己處於匱乏狀態，就算學業、工作看似有點成績，但仍需保

**@感動的一句話**
別人恐懼的時候，我們要貪婪；別人貪婪的時候，我們要恐懼。

面對生命的十個感動

有謙卑之心，持續向市場、業界老師、培訓機構、周遭朋友學習。

人無遠慮，必有近憂。

這是我很喜歡的座右銘，也就是時常提醒自己，不要停下思考，永遠都要具備憂患意識。不論轉職、投資，都強迫自己不斷學習，讓自己處在不要滿足於現狀的空杯狀態。

所謂「空杯心態」其實是可以落實到個人進修跟企業管理。指的是不論別人倒多少水，它始終能保持清澈如一，也象徵想累積更多學問。必須把自己想像成一個空著的杯子，有容乃大接受新的挑戰、新的事物，而不是因為慣性而驕傲自滿，或懷著否定心態。

透過學習，反而能發現自己的不足。不要看自己已經

---

**@感動的一句話**

如果因為損失而一蹶不振，甚至對人性不再信任，
那才是真正的損失。

擁有什麼，而是思考，當我什麼都失去的時候，能否有能力再創高峰？

## 金融領域找到新定位，打造竹科知識共享圈

離開電子產業後，我透過在金融領域、投資數十年的房產經驗所累積專業，現在投入「Fintech 不動產債權包租公平台」，擔任業務團隊的主管角色。而這個平台，簡單來說就是民間金融借貸市場，建構系統，媒合資金供需雙方，將過去傳統民間金融運作機制，加入創新元素，進行平台化、合法化、公開化及小資化流程。

此平台上媒合需要資金並透過房產抵押的借方，以及有閒置的資金作為投資的債權購買方，借方族群過去可能因有信用瑕疵或收入本身沒有扣繳憑單，沒辦法跟銀行借款就可以跟我們洽談。過去民間金融管道，主要有代書、當鋪這些管道，不過隨著金融科技的發展，這個Fintech 不動產債權包租公平台，主要訴求在合法規範下，讓借方可以透過不動產抵押來借急。

過去三年我經手過的客戶，發現越來越多小資族，他們手上有一筆資金，但不知道如何投資。有些人不擅長

股票，有些人的資金沒有多到能買房，而這個平台的出現，提供另一個資產配置的選擇。在風險控管情況下，資方可獲得比銀行定存較高的報酬，搭配不動產擔保品的機制下，對投資人的風險相對控管。

正派、誠信、踏實、永續這幾個關鍵字，是我一路走來，堅持的信念及價值，不論是在工作領域上的個人品牌經營，又或是針對竹科工程師的需求，成立投資、創業知識共享、互動的社群。我都是用這樣信念與朋友交流，因為我相信只要踏實做，不要想一步登天，人生的路才能走得遠。

成立線上社團，進而舉辦線下社群活動，起心動念就是在「利他」。

身為過去是工程師，又在新竹念大學，爾後也在新竹投資，新竹對我來說是相當有感情的城市。過去工作因素，慢慢發現許多工程師，他們其實也想認識理財，甚至釐清理財觀念。於是，我把這群人聚在一起，分享理財知識、資產與負債差別及被動收入的觀念，讓其他人也有第二人生更多選擇的機會。

## 找尋自己的定位，保有創新思緒人生不 Reset

近五年來，我在新竹舉辦各種分享，主題圍繞在房地產、理財。不論是透過自己、或是其他資深投資人，透過我們失敗的案例或成功心法，讓新進、自助、投資的需求者，縮短摸索期。若是能夠因為我們的提點而少走冤枉路，那就是一個互利的循環。

社群效應就像滾雪球，後來除了投資，也開始有針對想創業的人，或想轉職的人有更多交流經驗。例如：交大校友所組成的「交大 Sales 俱樂部」，就透過學長姊的人脈串聯，將過去工作經驗跟專業素養，分享給正在創業中、或已經創業人的互相分享，大家成為彼此的貴人。

現在我每個月至少參加兩、三次進修課程、企業參

面對生命的十個感動

163

訪，也成立「有錢人的商業思維」網站及自媒體，分享並記錄個人學習心得。過去透過學歷、經歷、證照不斷的肯定自己，接下來，期許自己除了 Input 學習之外，也開始 Output 將所學習到的分享給其他人，增加自己的影響力。

我在房地產的投資已經長達十多年，現在同時也在 Fintech 不動產債權領域，做類金融商品、共享金融的工作，希望提供給朋友、客戶一個穩健、可風險控管的投資項目。

曾經在一堂管理顧問課程中，老師詢問我們最怕的是什麼？而我，最害怕的就是人生 Reset，重來一次！

我思考著，過去自己能搭上科技產業熱潮，又在房地產投資摸索出一套方法，算是非常幸運。因臺灣過去的

> **@感動的一句話**
> 人無遠慮，必有近憂。

時空背景，我清楚知道我過去的成功案例，很可能是無法再套用到現在及未來，也無法複製到其他人身上。

但是，難道成功就只能看機運嗎？我想，只要時時保持憂患意識，從各種機會中找尋自己的定位，讓自己保有創新、創意的血液。不管時代之輪如何滾動，相信每個人都能主宰自己的命運！

# 8 Life Story

# 黑暗中照亮別人的青光俠
# 看透使命成為盲人之光

—— 亞洲著名行銷策略專家、青光俠專項基金創始人

**陳霆遠**

## 關於 陳霆遠

**現職》** 亞洲著名行銷策略專家，被譽為「亞洲行銷之神」、青光俠專項基金創始人

**經歷》** 他曾經用策略四次免費環遊世界；曾受邀到哈佛、斯坦福、北大等國內外數十所高校演講；曾受邀到美國、法國、日本、韓國、迪拜、新加坡、馬來西亞及中國各大城市近 2,000 場企業家論壇演講，累計人數超過 50 萬人。

2005 ～ 2017 年，他運用策略協助超越極限集團刷新 27 項培訓界的行業及世界紀錄。並親自輔導過 1000 多家企業倍增利潤，並擴大品牌的知名度和影響力。他跟梁凱恩老師、許伯愷老師合作創業成功的故事已經被拍攝成電影、電視劇《下一個奇蹟》。

2017 年，他因罹患青光眼而失明，經歷八個多月的痛苦和掙扎之後，在眾多貴人、好友、家人的鼓勵和幫助之下，他決定勇敢地站起來，並創辦「青光俠專項基金」。

目標是透過演講科普青光眼的常識和危害，同時幫助後天失明的盲人及其家人重建光明與希望。

**著作》** 《行銷 36 計：不花一毛錢環遊世界》
《借力使力不費力：36 計成功打造雙贏的商機》

**座右銘》** **這個世界上有很多行業都能讓人賺錢，卻沒有任何一份工作比得上改變別人的一生，來的更有意義！**

**影片連結》** https://www.youtube.com/watch?v=LllJyauaipQ

面對生命的十個感動

黑暗中照亮別人的青光俠

## 看透使命成為盲人之光

**「這個世界上有很多行業都能讓人賺錢，卻沒有任何一份工作比得上改變別人的一生，來的更有意義！」**

**——陳霆遠**

你人生的精彩已經結束了，還是正準備開始？你是否曾想過，有一天你離開人世後，別人會如何評價你？

我在 53 歲時，青光眼導致中年失明，我以為我的人生已經結束，因為我再也看不見親愛的家人、朋友，以及這個美麗的世界。

我想像未來的人生，注定只能在黑暗當中痛苦地等老、等死。

在看我的故事之前，先請你想想以

下三個問題：

如果有一天你突然什麼都看不見，如何面對未來三十年、五十年，甚至更長的未來？

如果有一天你突然什麼都看不見，你曾想過有誰會留在你身邊，關懷你、照顧你？

如果有一天你突然什麼都看不見，人生跌入谷底如何重新面對，創造人生下個巔峰？

## 我還擁有視力之前，投身培訓產業到處演講

我原本在房地產事業，一九九七年轉換跑道進入培訓講師產業，這個轉變，全受亞洲成功學權威陳安之老師的影響。他一本著作提到「成功一定有方法，失敗一定有原因。」

正因房地產工作遇到許多挑戰，我不斷思考，為什麼自己事業做不好？

我開始找方法，在陳安之老師的課堂上，他分享世界第一潛能激發大師安東尼‧羅賓斯（Anthony Robbins）的一句話：「這個世界上有很多行業都能讓人賺錢，卻沒有任何一份工作比得上改變別人的一生，

> **@感動的一句話**
> 成功一定有方法，失敗一定有原因。

來的更有意義！」也是這句話讓我放棄房地產，決定要從事一輩子的培訓行業。

因為我聽聞這句話時，心裡感覺特別震撼。心想，我賣房子別人搬進去頂多高興兩、三個月，但如果是幫助別人、改變別人一生的工作，豈不更有意義？於是，我決定這輩子剩下人生要投入培訓產業，至今走了23年。

投入培訓業我在行銷領域找到方向，二〇〇六年上完世界行銷大師傑‧亞伯拉罕（Jay Abraham）課程，瞬間我的行銷天份被啟發。原來行銷能讓一間企業從零開始，無中生有、點石成金。爾後我專心研究品牌、行銷，研讀各種行銷理論，並出版《行銷36計》，這本被業界稱為行銷聖經的著作。

後來幾年，我在兩岸三地演講，甚至受邀北京大學、

美國多間名校，企業演講超過兩千場。我與創業夥伴的故事被翻拍成電影《下一個奇蹟》，我認為我的人生下半場才要開始，沒想到……。

### 檢驗出青光眼仍不以為意，誤信庸醫視神經僅存 1%

我前半生的成就可說是用健康換來的。培訓是一門相當費心勞力的工作，記得最忙時候，平均每兩天要飛一個城市，一周至少有 4 ～ 5 天演講。也從房地產工作養成的習慣，出社會後的 30 年，我平均一天工作約 12 ～ 18 小時。

仗恃自己年輕有本錢，總認為中年後再調養，沒想到二〇一三年我被檢查出罹患青光眼。當時我看書總覺得怎麼有些字殘缺，例如「三」中間一小橫不清楚；或是「犬」我會看成「大」。起初以為是書的印刷品質不佳，但出錯頻率越來越高，甚至連路上招牌字都有缺損，我趕緊去醫院檢查。

一查發現眼壓偏高、視野缺損，確診我得了青光眼。當時我對青光眼毫無概念，醫生告誡我要特別注意，因為青光眼主要因眼睛虹膜前緣的排液角阻塞或狹窄，導

致眼球內液體（稱為「房水」）流動不順，當房水無法順利排出便造成眼內壓不斷升高而傷害到視神經，不但影響視野、視力，甚至可能失明。

當時我不知青光眼的嚴重性；二來沒閱讀相關病症資料，所以我不以為意。加上我不習慣吃西藥，又想長期點藥水對腎臟不好，所以治療上不甚積極，生活作息也沒注意，就這樣一年過了一年。

直到二〇一七年初，發現自己看東西的視野更加缺損，甚至半夜起來上廁所，總覺得燈光特別暗。

當時我長年在中國大陸，去好幾間醫院檢查，每位醫生都認真告訴我要趕快動手術。但我一聽手術的失敗率，加上家人也不贊成，所以我抗拒開刀。後來輾轉聽聞中醫效果，於是我找了一段工作空檔，與太太飛到北京，展開為期 21 天的針灸治療之旅。

沒想到卻是一趟悔恨之旅。當時那位醫生保證不用吃藥，透過針灸就可治癒，前七天每次扎針完我的眼壓就升高，看東西逐漸模糊。後來他要我不要再吃降壓藥，要我相信這是中醫的「排毒反應」。那周因眼壓過高容易頭暈幾乎無法睡，甚至後期走路需要人攙扶。三週後

連走路上下樓梯會頭暈眼花，坐下站起天旋地轉，甚至開始耳鳴。

我驚覺不對，跟老婆說不要再治療了。

後來緊急回臺灣，多年前幫我看病的醫師看到報告嚇一跳。一般人眼壓正常是落在 12 ～ 21 mmHg，我當時眼壓飆升到 55 mmHg。眼壓高視神經會受損壞，這是不可逆的。神經就像橡皮筋，一直去拉它就會變細變長，而且一旦神經斷掉就無法修復。

檢查資料一出來，醫生宣佈殘酷事實：「陳先生，你現在視神經僅剩下 1%！」

**想到一輩子在黑暗度過，我嘗試三度自殺**

醫生告訴我視神經一旦損害是不可逆，只能盡可保住

---

**@感動的一句話**

神自有祂的安排，如果你沒有被醫治好，
你要讓自己進入到一個更高的境界。

1% 視力。接下來八、九個月嘗試各種藥水、治療，以及兩次手術，結果都不太理想，視力仍逐漸喪失。

頓時，我突然理解蕭煌奇《你是我的眼》這首歌的意境：

　　「*眼前的黑不是黑／你說的白是什麼白*

　　*人們說的天空藍／是我記憶中那團白雲背後的藍天*

　　*我望向你的臉／卻只能看見一片虛無*

　　*是不是上帝在我眼前遮住了簾／忘了掀開*」

我每天處在悲傷情緒，哪去不了、電視不能看、手機不能用，只能坐在家一直想，想到未來我就要變成盲人，一輩子要在黑暗中度過。我不斷抱怨、責怪自己的無知、愚蠢，也開始怪罪別人，甚至想當初怎麼沒有一個人阻止我別輕信庸醫。甚至抱怨我信仰的上帝，怎麼

---

**@感動的一句話**

學習如何面對逆境，卻依然有著正面的態度，
你即使看不到，卻依然能幫助到其他人。

沒拯救我，過去 30 年我付出不求回報還努力做善事，怎麼會變成這樣？

天啊！原本我是站上舞台接受掌聲與喝采，每年環遊世界、吃美食、看美景。所有一切的榮耀、地位、享受，突然間一切都葬送，真的太痛苦了。

最後打擊我的最後一根稻草，醫生對我說：「你才52 歲，現在趕快去學按摩，還可以賺錢養活自己。」

聽到這句話，我當場淚流不止，一走出醫院就抱著我太太放聲大哭。

於是，我開始有自殘傾向，跟太太交代遺言，嘗試拿菜刀、上吊，我老婆開始不敢離開我半步。

第三次自殺原因，某天我父親突然來我家，我不敢讓父母知道我眼睛看不見，他們已經八十幾歲。聽到爸爸來訪，我趕快躲在門後，爸爸每一句話都像針刺在我的身上，特別痛。我好後悔自己長年在外工作，回來陪他們也總是看手機、忙公事，當我還看的見的時候，卻不曾好好看他們。

如今，我再也沒辦法看見我的父母了。

當他一離開家，我心一橫覺得一秒都不想活，我衝出

家，希望在路上被車撞死算了。憑著方向跟記憶還有一點光，我站在淡水河的臺北橋上決定往下跳，一想到未來 30 年要在黑暗度過，寧可現在就去死，也不要痛苦地在黑暗當中老死。

人要死之前，會把許多人想一遍。要跳下那一刻，突然心裡浮現我哥說的一句話：「父母還在，你沒有自殺的權利。」

這句話突然迸出來，我在心裡默念，不斷地重複著⋯⋯

「父母還在，你沒有自殺的權利！」

「父母還在，你沒有自殺的權利！」

「父母還在，你沒有自殺的權利！」

## 無法自救的瓶頸，我開始往外尋求援助

這句話，讓我躊躇了。我在橋墩想起另一段故事，我培訓課程有一位學員，他跟我年紀差不多，企業經營非常成功，一年營收十幾億人民幣。但他兒子卻在 22 歲，因憂鬱症自殺。我去他兒子的告別式，看到那位學員，一瞬間他憔悴到我完全認不出來。

當下我喃喃自語：「對阿，如果我走了，我父母、我太太在在告別式，會有多悲傷？」但又想到我剩下的時光，只能在黑暗中度過，實在太痛苦了！

因病發後我幾乎斷絕所有人脈網絡，回家後，我決定開始向外求救。請我太太聯繫我過去的朋友圈，梁凱恩老師、許伯愷老師，及多位貴人、好友，發送鼓勵影片，在他們的陪伴下我漸漸振作起來。

金曲歌王蕭煌奇、音樂教父黃國倫老師也都錄視頻短片來鼓勵我。

正能量的注入，的確讓我一點一滴恢復。

## 徹底轉變信念三事件，勇敢面對逆境

受到外界鼓舞的同時，真正徹底讓我從谷底勇於面對

> **@感動的一句話**
> 這個世界上有很多行業都能讓人賺錢，
> 卻沒有任何一份工作比得上改變別人的一生，來的更有意義！

逆境，回想起來有三件事情。

第一件是透過學習帶來新的力量。原本我就愛閱讀，失明後我太太開始念書給我聽，她講述先天性四肢切斷症（海豹肢症）力克・胡哲和海倫・凱勒的故事給我。後來梁老師也推薦我一個 APP——「樊登讀書會」，從「看書」變成「聽書」，我重新接受新資訊找到榜樣，決定不再陷入悲傷情緒。

甚至中國大陸那邊助理，時常發送盲人創造奇蹟故事的音檔給我聽，包含海倫凱勒（Helen Adams Keller）的故事、世界第一位登上珠峰的盲人艾瑞克（Erik Weihenmayer），還有各種盲人畫家、盲人攝影師、盲人高爾夫選手的事蹟。

聽完這麼多案例，我自己都覺得太誇張了。以前很少

有機會接觸盲人，總覺得他們是弱勢族群、需要被照顧，這群人是沒有用的。當我自己看不到時，再聽別人創造奇蹟的故事，才驚覺盲人不等於什麼都做不了，他們甚至做到許多看得見的人都做不到的事。

### 專家一席話點醒，破除內心最深恐懼

第二件讓我重生的事件是我的常年好友，也是世界公認領導力專家約翰·麥斯威爾（John C. Maxwell）的一席話。約翰·麥斯威爾的著作，在全球銷售量超過一千六百萬冊，他每年演講的對象有《財星》五百大企業、各國政府領袖，甚至亞馬遜（Amazon）網站十周年評選二十五位名人堂，他就是其中一位。

在我失明前已認識他多年，他總是把我當弟弟般關心。當他耳聞我失明時相當驚訝，有一次他在台上親自對我講一席話，這些話，我這輩子永遠不會忘記。

約翰·麥斯威爾在成為領導力講師之前原本是牧師，他在台上說：「我為你禱告，如果神醫治你，一切是神彰顯的榮耀！」

不同於其他牧師或朋友，他接著又說：「神自有祂的

安排，如果你沒有被醫治好，你要讓自己進入到一個更高的境界，在你眼盲的過程，你會讓所有人包含我在內，學習如何面對逆境，卻依然有著正面的態度，你即使看不到，卻依然能幫助到其他人。當你演講時，人們會聆聽你，因為他們看的出來你經歷過逆境，你的話更能激勵人、更能感動人、更能改變別人的生命。」

我一邊聽，眼淚就控制不住一直流一直流，也是這段話解除我大腦最害怕的恐懼。因為我害怕變成盲人什麼都看不到，我害怕不敢面對接下來的人生，我害怕接受自己成為盲人的事實，甚至走在路上聽到別人說：「你看那個瞎子好可憐。」我害怕自己需要被同情。

但是，他這段話破除我內心最深的障礙，聽完他的鼓勵，我整個眼睛亮了起來。原本我以為人生到盡頭，一堵牆把我人生困住，我以為我的人生只剩黑暗，但他啟發了我。

事實上，我還有更美麗、更精彩的人生在等我，我可以比現在更有成就、更有影響力！

你希望被人記住什麼？難道我奮鬥了半輩子，最後只留下「太可惜了」嗎？

## 拿回人生主導權，翻轉人生新命運

第三點改變我思維的事件。當我視力逐漸一點一點喪失時，我每週仍到教會聆聽講道，老實說，那段時間有時真的一句話都聽不進去。有一次特別神奇，我長期聽聞講道的牧師，他那天沒有說聖經內容，反而突然提到管理學之父彼得・德魯克（Peter F. Drucker）。這是我過去熟悉的專業，我全神貫注聆聽。

牧師講到彼得・德魯克 96 歲退休，牧師口中說出：「你希望被人記住的是什麼？」

其實這句話原文是講別的事，但那一刻我覺得是神透過牧師的嘴巴，在為我講道。彷彿有一道閃電打到我的大腦，一時半刻，我再也聽不進其他的話，腦袋不斷盤旋：「你希望被人記住的是什麼？你希望被人記住的是

> **@感動的一句話**
> 雖然我們看不見了，身在黑暗當中，仍能活出充滿光芒的樣子。

什麼？你希望被人記住的是什麼？」

也是這句話，讓我決定拿回人生主導權。我想到如果之前我真的自殺成功，從淡水河一躍而下，我會被記住什麼？

我開始浮現好多畫面，追悼會上有許多生前的朋友來送別、致辭。各種類比畫面出現，想像別人這樣說：「陳老師，你雖然看不見，可是你還有頭腦啊。你還有舌頭、還有喉嚨、還可以演講，你還這麼年輕，怎麼這麼想不開呢，你太可惜了！」

我想我的輓聯，左右聯會寫著「聰明絕頂、智慧過人」，橫批是「太可惜了」。

那天我從教堂回家，我一直浮現那個畫面，天啊，每個人都說太可惜了。如果我努力、拚搏一輩子，結果現

> **@感動的一句話**
> 我找到我人生的下半輩子使命，也就是成為別人生命中的光亮。

在放棄了自殺了，人生被記住的是太可惜了，那我不是白活了。

我開始想，我到底希望被人記住什麼？

**在哪跌倒就從哪站起來，研究青光眼資料大為震驚**

對此，我想既然我是被青光眼這個疾病擊敗，從頭到尾都根本搞不請什麼是青光眼，會什麼會得病？為什麼會失明？

為了深入瞭解青光眼，開始研究青光眼的病症及資料，一查驚為天人，發現因青光眼失明的比例竟然這麼高！根據統計，臺灣目前有 30 萬人因青光眼失明，中國大陸大約有 540 萬人。

目前中國大陸有 1,800 萬位青光眼患者，其中 90% 的患者檢查出罹患青光眼時，完全沒聽過這個疾病，甚至為什麼失明，他們完全不知道背後的原因以及如何預防。

按照此趨勢發展，世界衛生組織預測二〇二〇年，中國大陸將有 2,100 萬的青光眼患者，其中會有 630 萬全盲、超過 1,000 萬視障人士（視力低於裸視 0.1 以下

的法定盲人）。我看到資料時，太震撼了，竟然有這麼多人跟我一樣無知！

怎麼沒有人提醒、呼籲要重視青光眼？我發現大多數人遇到疾病選擇逃避，甚至跟我一樣胡亂治療。因為自己、家人的無知，甚至社會缺乏正確預防的管道，如此發展下去，未來不是 1,630 萬位失明者，而是有 1,630 萬個家庭陷入黑暗的痛苦當中。

我的親身經驗，我知道當一個家庭有一個人失明，全家都會跟著陷入低潮。甚至大部分病患因為後天失明，更加容易自暴自棄、情緒遷怒，而家人對此也束手無策。

## 看見希望化身「青光俠」，基金會專攻四大使命

我在想這是不是神的安排？上帝揀選我，因為我過去懂行銷、我會演講，這麼多年累積的人脈及企業資源，也許是祂希望我來做這件事。

於是，我找到新的力量來源，突然覺得也許我就像電影裡的英雄人物，例如鋼鐵人、蜘蛛俠那樣，從一位普通人因緣際會而變成英雄。

既然我曾被青光眼擊倒，所以我給自己一個新身分：
青光俠。

我意識到自己的未來可以再站起，還能發揮能力、影
響力去幫助更多的人。我跟中國大陸最大的眼科連鎖醫
療集團——愛爾眼科及愛眼基金會合作，在二〇一八年
四月二十九日成立「青光俠專項基金」。

基金會的目標：十年內拯救一千萬人的眼睛，幫助青
光眼患者在生活、心理、醫療各方面重建。基金會的核
心使命是「拯救人們的眼睛，幫助他們重建光明與希
望」。

雖然我們看不見了，身在黑暗當中，仍能活出充滿光
芒的樣子。尤其我想翻轉社會價值——盲人不需要被同
情，盲人能做的事情是你想像不到的，我要讓全世界重

新定義盲人，對盲人刮目相看。

所以青光俠基金會在這一年來，我們執行了主要四個目標。

第一：每個月 6 日推廣為「愛眼青光眼日」，宣導所有人定期眼科檢查，重視健康，保護眼睛。

第二：成立專項基金。中國大陸的盲人大約 80% 落在偏鄉或貧窮地區，透過基金提供手術費，以及提供生活支援。積極投入研發視神經再生醫療技術與藥物，幫助已經失明的患者重見光明。

第三：心理的重建。讓盲人知道失去視力不可怕，我打造一個「盲人之光」平台，透過 100 位創造奇蹟的盲人故事作為啟發，最終在平台提供經濟鏈結，讓盲胞的特殊技能、自己做的產品透過網路變現，目標帶領四

> ### @感動的一句話
> 我要讓全世界重新定義盲人，對盲人刮目相看。

百萬名盲人學習成長，體現自我價值又能創造收入。

第四：少年強則國強。基金會致力走進小學、中學、大學的校園演講，讓更多下一代知道青光眼的危害，養成定時檢查眼睛的習慣，早發現、早治療。

## 目標成為「盲人之光」，照亮更多人的幽暗生命

透過基金會，現在我用自己的親身經歷當範本，告訴大家重視健康、保護眼睛。我相信，許多盲人是很有才華與能力，但最後被迫去學按摩，事實上，在國外有很多工作機會是盲人可以做，例如美容師、調音師，盲人可以演講、唱歌、配音，天分不應該被埋沒。

我找到我人生的下半輩子使命，也就是成為別人生命中的光亮。

我感謝在我人生最低潮痛苦時，經常為我禱告，幫助我的洪雅慧牧師、劉長老、大衛牧師及師母、呂代豪牧師及師母、謝謝我的太太，她在我生病一年多放下工作，全心全力陪伴我，一步一步陪我走出來，甚至全力支持我投入青光俠專項基金。還有許多愛我及支持我的家人朋友們。

> **@感動的一句話**
> 我就像電影裡的人物，例如鋼鐵人、蜘蛛俠，
> 從一位普通人因緣際會而變成英雄。

　　最重要的是感謝上帝，《聖經》有一段摩西出埃及故事，我想是上帝揀選我成為盲人摩西，我要帶領四百萬盲人，幫他們穿越人生的紅海。未來有一天我走了，我希望別人對我的評價不再是「太可惜了」，取而代之的是「盲人之光」。

**@寫下感動備忘錄 MEMO**

# 9
# Life Story

## 荷爾蒙蛻變的奇蹟
## 踏上創業影響更多生命

—— 360 自然荷爾蒙平衡療法（360NHBT）創始人

**馮儀慧**

## 關於 **馮儀慧**（Michelle Fong）

**現任》**　360 自然荷爾蒙平衡療法（360NHBT）創始人
馬來西亞輔助醫學協會 MSCM 自然荷爾蒙療法理事長
歐美利集團資深高階領導人

**學歷》**　美國東密西根大學企業工商管理碩士（金融和市場學）
美國東密西根大學會計 & 資訊系統學士

**專業證照》**國際金融理財師 CFP
加拿大認證 CSFC 焦點解決教練
國際認證 IHS 高級荷爾蒙療法師
中華自然療法世界總會自然飲食療法咨詢師
中國就業促進會〔健康咨詢培訓師〕CAEP 師資資格
亞洲健康與醫學研究所認證 IAHS 講師與輔導師

**經歷》**　從一個原本只相信西醫的人，對自然療法產生無比的熱忱。
從一位金融投資的基金經理，對陌生的荷爾蒙學追根究底。
從一個習慣朝九晚五上班族，對創業產生巨大的熱情使命。
秉持著「以人為本，再造生命，用愛分享，生命影響生命」的理
念，希望將這麼多年來的反覆研究經驗和在實踐中不斷應證的結
果分享給更多的人，讓人人能夠擁有最根本，最簡單，最有效的
方式，找到屬於自己的身心靈健康藍圖和創造財富的 GPS！

**座右銘》**　**創造你的價值，成為你想成為的人！**

**官方網頁》**https://www.360nhbt.com

**聯絡方式》**FB：https://www.facebook.com/MF3650
微信 / LINE ID：michellefong68
E-mail：yhfong68@gmail.com

面對生命的十個感動

# 「一個人的思維習慣，決定了他的 行動，也因此決定了他的結果。」

—— 馮儀慧

當我知道【One Book Ten Life 系列】第三本主題是「面對生命的十個感動」的時候，我立刻就決定要成為這本書的共同作者，藉由文字留下我的生命感動，這份感動來自我與生命經驗產生的共鳴、來自身心健康的教導與智慧、來自人與人之間的連接互動、來自找到了天命的幸福、來自創富的心得。每個人的生命，都可以擁有很多禮物，這本書是我送給自己過了50 歲人生最有價值的一份禮物！

## 相信努力定有成就，享受順境的人生禮物

　　我一向來都認爲自己是幸運的，在書香家庭長大，我父親是校長、母親是老師，中學畢業後就到美國深造，在東密芝根大學主修會計及電腦資訊，接著獲得獎學金，繼續攻讀企業工商管理碩士 MBA，專精金融與市場學。我相信只要努力，就一定會達到目標，我當時的目標非常明確，就是要留在美國找到一份令人稱羨的高薪職業，要賺美金，要讓自己成爲卓越的現代新女性，以及有能力和經濟獨立的自由人。

　　取得 MBA 學位後，在美國强烈競爭的工作環境下，我依然非常幸運的一畢業後就立刻被美國一間金融股票交易證券集團聘用，成為金融國庫券和債券交易分析師，集團有超過二百間以上的分行遍佈在全美各個州屬，我是在底特律的總部上班，當時整整十層大樓，全公司只有我一位華人，這對我來說無形的是打了一支非常强的信心針，心中充滿了希望朝著設定好的目標前進。

　　在美國生活了 8 年後，一九九五年回到馬來西亞，相繼在兩家國際知名的金融銀行投資集團擔任基金經理長

> **@感動的一句話**
> 學會不把荷爾蒙失調看作「果」，而將它視爲「因」，
> 才能找到治標又治本的方法。

達 10 年之久。在職場上，我在馬來西亞取得第一批國際認證金融理財規劃師（CFP）的專業證照，也是第一批受聘馬來西亞理財顧問認證協會（FPAM）的講師，也曾在大學當講師教授金融投資學，任教期間是該校史上第一位達成 100% 及格率的金融系講師。

　　我快樂的享受著順境的人生禮物，無論是在事業，還是家庭，一切都是美好的。

### 健康亮紅燈，打亂人生節奏

　　我自認是位幸運又幸福的女人，有份人人稱羨的工作，有位相知相識相守愛我的先生。我走在正軌的人生，而此時的我，正處在人生最好的階段，我的健康竟然亮起了紅燈。我的身心開始產生巨變，我的人生節奏

被打亂了。我的體重從原有 55 公斤暴肥到 85 公斤，窈窕淑女變成了典型的肥師奶，身材變樣了！

記得有一次，在鏡子前準備換衣服時，那時只有 3 歲的兒子突然蹦出一句話：「媽媽，你好胖，你好醜喔……。」

兒子一句玩笑烙印心底，雖然我知道童言無忌，當下，望著鏡子前的自己，我心裡有千百個問號：「為什麼我會把自己搞成這樣？」

我的身體陸陸續續出現了各種不適的症狀，妨礙了我的工作與生活，最讓我懊惱的是我和老公的性生活失去和諧，我無法真正享受兩性關係。我努力半輩子，在事業創造巔峰、在家庭建立幸福美滿，一瞬間失衡了。

我變得焦慮，變得沒有自信，開始討厭鏡子前的自己，開始不愛拍照，不愛出門，害怕別人異樣眼光，不想與人接觸，陷入「孤僻世界」，覺得做女人好幸苦。外在、內在雙重打擊，身心真的好疲憊、好疲憊，一直質問：「我怎麼變成這樣？」

會診醫生尋求協助，醫生的話有如晴天霹靂重重的打在我身上：「雖然你現在只有 35 歲，但根據驗血檢查

面對生命的十個感動

195

報告顯示，妳的女性荷爾蒙指數已經低到更年期的指數了，再加上妳的卵巢機能開始衰退，女性荷爾蒙分泌嚴重缺乏而引發了早發性更年期的症狀。妳現在身心出現的各種症狀，胸悶、潮紅、盜汗、心悸、心煩易怒、躁鬱、失眠、陰道乾澀、性慾降低，都是因爲妳的荷爾蒙分泌嚴重失衡了……最大的罪魁禍首應該是因為肥胖和壓力過大，擾亂了妳的神經系統和內分泌系統不能自我調節。你需要服用荷爾蒙藥物，否則身體外在或體內的器官功能都會急速衰老！」

一聽，我完全愣住，又是荷爾蒙問題。心想天啊！本來應該發生在 50 歲之後的更年期，我竟然整整提早 15 年面臨！還要吃荷爾蒙藥物至少 15 年，荷爾蒙真的是魔鬼！

誰的錯？我必須承認這一切都是自己造成的，這 35 年下來，我對我的身體健康做了太多的傷害，我亂吃亂喝，不做運動，生病就吃西藥，從來沒有正視年輕時已經出現了的荷爾蒙失調問題，而是讓之繼續惡化。這一切都是我沒有好好愛自己，沒有主動將健康當做生命賦予的禮物那樣去守護好，人總是要等到失去了才會珍

惜。健康不是一切，沒有健康就沒有一切。忽略健康的人，就是等於在與自己的生命開玩笑。

## 吃了將近 20 年的荷爾蒙藥物，還要繼續嗎？

我確實能切身體會到「飽受荷爾蒙折磨」這句話的滋味。

我早在 13 歲初經開始，就已經有荷爾蒙失調的問題了，每個月，都要承受一次經痛、乳房脹痛、頭頸背痛、嗜吃甜食、疲倦易累等「經前症候群」各種煎熬。有時經痛嚴重到影響日常生活，迫不得已只好吞止痛藥，最高紀錄一次吞下六顆，深深覺得做女人好辛苦。後來經期開始紊亂，一個月、兩個月沒來，第三個月身體開始出現異狀，最高紀錄是五個月不來月經，去看了

> **@感動的一句話**
> 健康不是一切，沒有健康就沒有一切。

面對生命的十個感動

婦產科，醫生吩咐我只要乖乖聽話，每個月按時吃她開的藥，月經就會準時來。

這所謂的藥，後來我才知道其實就是一種荷爾蒙替代治療（HRT）的避孕藥，用來調整我的月經。我從 13 歲開始吃，一路吃到出國念書、回國就業，一吃就吃了將近 20 年，直到我準備懷孕的時候才停止服用。

沒想到，35 歲面對早發性更年期，醫生還是要我吃荷爾蒙藥物來調理更年期的症狀，我深深嘆了一口氣，我之前已經仰賴荷爾蒙藥物將近 20 年了，難道我的人生永遠離不開荷爾蒙藥物了嗎？難道除了吃藥，就沒有其它自然的方法可以幫助到我調理荷爾蒙了嗎？

我過去是西方醫療科學的信奉者，認為「頭痛醫頭、腳痛醫腳」，所有症狀一定有藥醫，身體不舒服就吃

---

### @感動的一句話
忽略健康的人，就是等於在與自己的生命開玩笑。

藥，從來沒有想過要從致病的原因來調理。這一次不知哪來的勇氣，我竟然拒絕了醫生給的建議，我很堅定的知道我不能再靠荷爾蒙藥物了。

這次生病打開了我的健康意識，它提醒我要學會不把荷爾蒙失調看作「果」，而將它視為「因」，這樣我才能找到治標又治本的方法。

## 不把荷爾蒙失調看作「果」，而將它視為「因」

我意識到要真正逃離荷爾蒙失調的魔咒，最重要的還是要轉變思維方式。 就好比一棵樹長出了不滿意的果實，是要把心思和關注點放在果實上面，還是應該把關心放在真正創造果實的種子和根上面呢？地上的東西，是地面下的東西創造出來的，如果想改變果實，首先必須改變它的種子和根。

現實生活中，我們所取得的健康、財富、關係、成果，就好比果實，絕大部分是由看不見的思維方式決定的。

一個人的思維習慣，決定了他的行動，也因此決定了他的結果。

　　我決定不再靠荷爾蒙藥物了，一向來崇信西醫的我，開始轉向自然療法。在尋尋覓覓過程中，機緣下透過一位中醫師接觸到了自一九九五年就引領市場的第一品牌OMNI EVA 自體荷爾蒙療法，一種藉由天然的荷爾蒙前驅物質，通過皮膚吸收的技術，經血液循環來滋潤內分泌腺體自動調節荷爾蒙分泌，進而重新修復人體自癒系統平衡的自然療法。

　　短短三個月的療程，我成功甩掉了 30 公斤的肥肉，甚至所有胸悶、潮紅、盜汗、心悸、心煩易怒、躁鬱、失眠、陰道乾澀、性慾降低等更年期症狀也都消失了，月經開始正常報到，困擾我多年的經前症候群也調理好了。我對 OMNI EVA 自體荷爾蒙療法感到不可思議，好奇這個方法到底是什麼？之前連西醫都無法根治的問題，竟可以如此簡易的就解決了已經困擾我十幾年的痛。

### 勇敢跨出舒適圈，踏上了創業之路

　　真得沒有想到人人害怕的「荷爾蒙失調」竟然是老天送給我的禮物，讓我發現了「平衡」的奧密與智慧，改

變了我的健康、我的心靈、我的人際關係、我的工作、我的生活品質，甚至我的生命藍圖！

彷彿是荷爾蒙的召喚，我從毛毛蟲的改變、蛹的質變到蝴蝶的蛻變，讓我有了全新的使命！

我從一個原本只相信西醫的人，開始對自然療法產生無比的熱忱。

我從一位金融投資的基金經理，開始對陌生的荷爾蒙學追根究底。

我從一個習慣朝九晚五上班族，開始對創業產生巨大的熱情使命。

因為 OMNI EVA 自體荷爾蒙療法，我與歐美利集團創辦人呂光淨董事長結下了不解之緣，我被呂董的「以人為本，再造生命」信念深深感動，我覺得如果一個事

面對生命的十個感動

> **@感動的一句話**
> 創造豐盛，並將豐盛分享給別人。

業可以做到以人為本，以人為核心，創造生命的價值，必然可以延申出生命影響更多生命的巨大力量。

於是在二○○四年，36 歲那一年，我做了我人生中的重大決定，勇敢跨出舒適圈。我毅然拋下了十多年基金經理的光環，轉換人生跑道，從零開始投入完全陌生的健康青春產業，以歐美利直銷平台為創業起點，建構一個健康與財富可以同時增值；一個可以成就自己也同時成就他人的事業系統。「以人為本，再造生命，用愛分享，生命影響生命」變成了我的信念。

### 破繭而出，蛻變的奇蹟

我相信成功沒有捷徑，達到終點前勢必免不了各種磨練。要在荷爾蒙健康產業成功，要成為這個領域的頂

尖，就要先裝備好自己的知識與能力。

我鑽研荷爾蒙學、營養食療學、經絡穴位按摩學、精微能量解剖學、情緒壓力療癒學，甚至遠赴國外學習，考取 IHS 認證高級荷爾蒙療法師、CAEP 中國健康諮詢培訓師。之後也在 IAHS 亞洲健康與醫學研究所，受聘認證講師與輔導師的資格。

後來更在馬來西亞輔助醫學協會（MSCM）成立「自然荷爾蒙療法」並擔任理事長，訓練一批超過 30 位的自然荷爾蒙療法師。爾後自創了 360 自然荷爾蒙平衡療法，率先在馬來西亞推廣。

秉持著「生命裏沒有的，給不出來」的信念，將自己親身實踐過並行之有效的方法，持續在馬來西亞、新加坡、臺灣、中國分享推廣，光是講座、工作坊就超過千百場。我的個人蛻變故事，也隨著媒體的曝光，電視、電臺、報章、雜誌等的採訪，出乎預料的幫我奠定了在自然荷爾蒙療法領域的專業品牌定位。

在一般人看來不可能完成的任務，我做到了！精益求精，要做就要做到最好，這是我的態度。

沒想到轉換了人生跑道，我可以活出了更精彩的人

生，在物質上和精神上，得到了更大的空間和時間，去享受我的生活，同時有無限的自由去體現到不同的理性與感性角色，從早期的專業基金經理、特許財務規劃師、大學講師、到後期的自然荷爾蒙療法師、電視節目主持人、專欄特約作者、組織系統領導人、焦點解決教練、創業家、青春生活家。

我感恩我可以在生命的旅程中，活出我的天賦潛能，找到屬於自己的天命，選擇我所愛，愛我所選擇，全心投入走向自我實現生命之道的同時，也找到了我創造財富的 GPS。

### 過去我幫有錢人賺更多錢，現在我為所有人建立財富

創業讓我重新打開視野，甚至顛覆我過去狹隘的心思。20 幾歲後過著與金融理財為伍的人生，過去我信奉「數字至上」的理性人生，認為協助客戶用資本創造更多資金，這才是一位成功專業基金經理的定義。

我過去對財富的認知其實很狹隘，認為財富就等於金錢。

但自從我開始用多元身份投入創業，秉持「以人為

本，再造生命，用愛分享，生命影響生命」的信念之後，我才發現，我開始對財富賦予全然不同的定義與價值。

英文的財富是由「WEALTH」這六個字母組成，現在對我來說，財富的定義即富含在這六個字當中。「W」代表智慧（Wisdom）、「E」代表熱忱（Enthusiasm）、「A」代表資產（Asset）、「L」代表愛（Love）、「T」代表時間（Time）、「H」代表健康（Health）。

現在你問我，我擁有財富了嗎？我會說我是一位希望充滿「智慧」，對待家人朋友充滿「熱忱」，擁有豐厚「資產」並極具有「愛」心，在有限的「時間」中享受人生的自由，同時注重「健康」的樂活者。

> **@感動的一句話**
> 所謂的成功與失敗，是由自己下定義，而不是數字。

面對生命的十個感動

　　我過去基金經理的工作，是幫金字塔頂端的有錢人，用錢滾錢創造他們的財富，但他們對我的感謝總是理所當然，感受不到人與人之間真正的真誠與溫度。但現我身邊的這些夥伴，不論是幫助他們身體健康、經濟獨立、或是個人成長，各種蛻變，他們給我一句簡單的感謝，卻是充滿力量、充滿感動，是我過去職場從沒感受到的。

　　創業後，我沒想到我會愛得這麼深，我想最關鍵原因在於「人」。這份感動來自人與人之間的連接互動，有些人因為自然荷爾蒙療法找回他的健康，有些人因為創業平台解決經濟長期的貧乏，有些人因為教育培訓學習而成長突破。我體會到，原來幫助社會上平凡、中下階層、沒有能力的人，讓他們有一絲翻轉人生的曙光，是

> **@感動的一句話**
> 每個人都可以獲得讓自己三變，
> 那就是改變、質變、蛻變的力量！

可以那麼感動的。每一次的分享都是在創造價值！

　　二〇〇四年至今，從自己一個人到影響萬人的團隊，我們成功打造了一個創新的青春生活事業模式，在享受青春樂活價值的時候，也能轉換成一種經濟價值，成為「青春生活家」的同時，也成為「青春銀行家」。

　　「創造豐盛，並將豐盛分享給別人。」讓我變得更快樂！於是，我深刻地相信，「用愛分享，生命影響生命」，才能把價值繼續傳承下去。

## 創立 360 自然荷爾蒙平衡療法，開啟三變的力量

　　做好現階段的功課，下階段的人生舞臺，自然會展開。我相信每個人有一條屬於自己的人生道路，其中蘊藏著上天所賦予的使命。創立 360 自然荷爾蒙平衡療法 Natural Hormone Balancing Therapy（NHBT），喚醒人們的健康意識，引領人們沿著荷爾蒙的生命導航系統找到屬於自己未來的身心靈健康藍圖，就是那條屬於自己獨一無二的道路。

　　從自身的經驗和手頭上無數的臨床見證，我想告訴大家，看似深奧複雜的荷爾蒙課題，只要懂得如何藉由生

命的本質來啟動荷爾蒙密碼，是可以很簡單的。是的，不用懷疑，每個人都可以獲得讓自己三變，那就是改變、質變、蛻變的力量！

　　360 自然荷爾蒙平衡療法（360 NHBT）以生命的 3 大本質，透過 6 個調理方向，從心歸零，由外在的改變到內在的質變，達到 360°的蛻變。

　　我喜歡 360 NHBT 的詮釋，NHBT 代表 Natural Hormone Balancing Therapy「自然荷爾蒙平衡療法」，也代表 New Hope Born Today「新希望在今天誕生了」，開啟生命的界限，創造人生的寬度。

　　「360」是一組很神奇的數字，即代表「全方位」，也代表從「改變」、「質變」再到「蛻變」，三個身心靈轉化的階段。

　　「3」代表生命的三大本質，物質流、能量流、信息流。這三大本質一旦紊亂，身體的荷爾蒙自癒系統就會被破壞而導致身體產生各種失衡的狀態。

　　「6」代表六個調理方法，正確觀念、體內環保、去壓調心、能量運動、食療養生、輔助良品，透過這六種管道從生命本質解決外在症狀，讓物質流沒有毒、能量

流沒有堵、信息流沒有亂，重新修復荷爾蒙自癒系統的平衡。

「0」則代表從心歸零，回歸根本源頭，給予自己機會重新再愛自己一次，賦予新價值。

360自然荷爾蒙平衡療法，開啟了三變的力量，改變、質變、蛻變的三個身心靈轉化的階段，就像毛毛蟲從改變，經過蛹的質變，破繭而出，才能蛻變成蝴蝶。破繭成蝶，每一次的質變都伴隨著痛苦，但每一次痛苦都是一種蛻變，每一次蛻變都是一種成長。

沒有經過蛹的過程，本質是沒有改變的，當蛹破繭而出變成蝴蝶，蝴蝶再也無法變回毛蟲的狀態，那才是真正的蛻變。這就是360自然荷爾蒙平衡療法的價值。

面對生命的十個感動

> **@感動的一句話**
> 破繭成蝶，每一次的質變都伴隨著痛苦，
> 但每一次痛苦都是一種蛻變，每一次蛻變都是一種成長。

### 花若盛開，蝴蝶自來；人若精彩，天自安排

生命對我們每一個人都是非常珍貴的，我們追求什麼，選擇什麼，是我們自己的權利。但是，我還是想說，如果生命可以讓你有一次真正蛻變的機會，請不要放棄這個機會。當蛹蛻變成美麗的蝴蝶時，那才是一次脫胎換骨的質變，在你的眼前展現的是一個全新的境界，只有到這時候，才真正懂得生命的意義！

感謝老天給了我一段低潮的過程，因為有了這個低潮才讓我經歷過改變、質變到蛻變的旅程，有機會從中學習到生存的法則；生活的經營；生命的智慧，進而發現自己、做我自己、活出自己。

這段過程讓我更懂得愛自己、愛他人；祂讓我看見了，當在順境裡，一切很容易被視為理所當然，在不順

遂的背後，才是真正的禮物；祂讓我體悟生命的答案只有在行動中才會發現；祂讓我學習放下身份，不帶期待的付出；祂讓我知道找到自己的財富之流，才能順流致富；祂要我看見，我還有多少的執著；祂也要我明白，所謂的成功與失敗，是由自己下定義，而不是數字；祂讓我體悟到平衡才是幸福人生的根本之道。

感謝一路陪我走過來的家人良師益友與夥伴們，令我的旅途更充滿挑戰性、樂趣、價值和滿足感。

「花若盛開，蝴蝶自來，人若精彩，天自安排」。敞開心，生命中有些事情不必刻意去「追求」，做好本份，自然會「吸引」好的事物。

50 歲後的我，依然要讓夢想盛開，每一天、每一刻，都讓自己像吸引蝴蝶的花一樣盡情綻放，讓生命繼續影響更多生命！

# 勇闖世界歸鄉創業的遊子
# 緊抓緬甸發展熱潮拚出一片天

—— 緬甸行者（SEEKER）集團公司 CEO

**楊玉平**

# 關於 楊玉平 (Jack Yang)

**現任》** 緬甸行者集團公司（SEEKER GROUP OF CO., LTD）CEO

**經歷》**
1981 年　出生於緬甸北部撣邦
1990 年　中學時期，緬校及華校學業績優獲獎常勝軍，華校
　　　　　中學華文作文比賽一等獎。
1998 年　17 歲負笈臺灣
2007 年　在臺灣成立人生第一家合股公司，經營裝潢服務
2011 年　赴澳大利亞工作及學習
2014 年　回緬甸發展
2015 年～2016 年　在緬甸分別成立第一家及第二家股份公
　　　　　　　　　司，經營網路平台服務
2017 年　成立第三家獨資公司，經營商務、法務、稅務、房
　　　　　地產服務
2019 年　成立第四家股份公司，經營電訊及軟件開發服務

**座右銘》** 凡事豫則立，不豫則廢。

**聯絡方式》** E-mail：yangyuping2008@gmail.com
集團 Facebook：
https://www.facebook.com/seekergroupmyanmar
個人 Facebook：
https://www.facebook.com/jackyang2012
WeChat ID：yupingtw

面對生命的十個感動

（請用 WeChat 掃瞄）

# 「信心是我人生的分水嶺，讓我勇敢創業追夢。」

────── 楊玉平

我今日可以用中文寫下自己的故事，最感謝中華民國僑委會的照顧。

如果當初我沒有從緬甸到臺灣讀書，我現在不僅說不了流利的中文，更不可能使用中文開創我的事業。在臺灣讀書、工作，一待就十三年，占了我現今人生的三分之一，臺灣給我的養分，也讓我打開生命的視野。

我的老家在緬甸撣邦，我家族在撣邦已生活了幾代人，祖籍在中國雲

南，所以與家人都用雲南話溝通。撣邦位在緬甸的東北區，是緬甸聯邦面積最大、人口最多的一個邦，但從我出生有記憶以來，撣邦就是一個地方武裝跟中央軍政府發生戰事的地方。

我小時候印象深刻，路上常看到持槍的軍人，還有戰車經過。記得以前學校的足球場，常被軍隊拿來訓練士兵的場地，真槍實彈對地打靶，上課聽到槍聲已見怪不怪。我們下課還會偷偷跑到足球場去挖彈頭，用一根線把彈頭串起來，綁成一條項鍊，是我們小孩子唯一的樂趣。

當時剛讀完中學，少年血氣方剛，我一心想要去外面世界闖蕩。

當時緬甸相對資訊封閉，記得小時候緬甸全國電視只有兩台頻道，一台是國家專門播報國內大事、一台是軍方把持，在封閉資訊的環境下，很難碰觸其他國家消息。

### 那年僑委會擴大招生，我想看外面世界的模樣

那時我對世界充滿想像，但完全不了解其他國家與緬

面對生命的十個感動

> **@感動的一句話**
> 不錯過任何讓自己變強大的機會。

甸有什麼不同？當時要出國的管道不多，比較有錢家庭就送小孩去歐美國家，中下層經濟沒那麼寬裕的，就去周邊國家，那時比較多到新加坡打工，但新加坡釋出的名額有限。

然而，在我中學畢業那年，剛好搭上中華民國實施僑教政策的列車，等於鼓勵海外的華裔學生到臺灣念書，尤其針對緬甸華僑擴大招生。我記得那年增額 500 多人，這麼好的機會怎能錯過！所以我參加聯合考試，有幸考上，一圓我勇闖這個世界的夢。

但是，當時我對臺灣毫無概念，對臺灣政經實際情況也不了解。雖然我們八零年代出生的這一輩，華僑大多選擇到臺灣升學，但我是直到踏上臺灣這塊土地那一刻，我才發現跟我想像的很不一樣。

於是，一九九八年我先到嘉義技術學院（現今國立嘉義大學）攻讀食品加工專科，畢業後又到景文科技大學主修企業管理學系。中華民國僑委會對僑生真的提供許多幫助，我們當時學雜費有很大減免，甚至健保費自己付一半，僑委會幫忙付一半。

對照當下的時空背景，緬甸是絕對不可能補貼自己國家的學生念書，光是內戰就民不聊生。之前有份研究顯示，零到五歲的嬰幼兒死亡率，緬甸是東南亞國家最高的，全國僅 22.9% 學齡前孩童有接受到國家幼兒照顧。

如果當時來臺灣讀書，學雜費沒有補貼，我們讀書一定相當辛苦。學校給僑生很多在校打工機會，針對僑務這塊做得很到位，這一點真的很感謝臺灣。

**無緣情分讓我決定強大，激發勇敢向上性格**

從中學離開緬甸、離開家庭後，我再也沒跟家人拿過一毛錢，十幾歲開始我靠自己的雙手盡可能養活自己。

當時讀書除了補貼，為了讓自己的經濟寬裕一些，白天上課晚上就去打工。當時因為我讀食品加工，也考到丙級廚師執照，所以就去酒吧餐廳打工，專門負責廚房

內場，學習餐飲的一切。

當時一起打工年紀相仿的同事，有一位臺灣女孩，她主要負責外場，我們相處久了就日久生情，一段青春的情愫悄悄萌生。我們認識三個多月後，她三不五時就送小東西給我，發一些簡訊問候。

其實，我都知道她的用意，只是故意裝作不知道。

為什麼我選擇避開？當時生活充滿不確定，我對這段感情還沒萌芽就畫地自限。心想，如果在一起，會不會拖累人家？這個癥結讓我不敢跨出那一步。

心想，我一個來自緬甸的窮小子，怎麼配得上人家？

你問，為什麼我當時會這樣想？自從到臺灣後，其實心裡總有種自卑感，因為客觀因素的多方面對比，緬甸總是比較落後，除了客觀因素兩個地方的經濟實力對比，主觀因素更是覺得自己各方面都不如人家。

我有時也會想，如果我在臺灣出生長大，會不會那時就不會想這麼多，願意跨出那一步了？

隱隱約約的示好，最後沒有修成正果。雖然當時上班我還是希望每天能看到她，但一年後，那位女孩離職了。當時沒有網路，從此我們斷了聯繫，現在回想起

來，是生命中的一段遺憾。

有時猜想，會不會她現在早就嫁做人婦，小孩可能都六、七歲了？

當自己生活溫飽有問題時，因能力有限而錯過了年輕一段應有的愛情，是社會的現實，讓我暗自在內心決定，我一定要變堅強。於是，我開始不錯過任何讓自己變強大的機會。

沒有爸媽、國家給予的資源，一路走來，我都是在無助中摸索生存方式。這段無疾而終的小愛情，讓我無助中培養出努力向上的信念，甚至奠定我這一生勇敢向上的性格，一生受用。

因為，我知道只靠努力還不夠，還要有強大的能力。有能力才可以照顧別人，這件小事激發我全新人生的態

> **@感動的一句話**
> 只靠努力還不夠，還要有強大的能力，
> 因為有能力才可以照顧別人。

面對生命的十個感動

度，就像爾後踏上創業，也因為那位女孩，讓我知道有足夠能力，才能保護自己想要的東西、照顧員工，甚至貢獻社會。如果沒有這件事情衝擊，我可能庸庸碌碌過一生。

我想深深感謝，當我還一無是處，那位曾經願意喜歡我的女孩。

## 考量緬甸局勢續留臺灣，輾轉到澳洲開啟新視野

在臺灣讀了六年書，當時遇到人生抉擇的交叉路口，要回緬甸？還是繼續留在臺灣？二〇〇五年考量緬甸還是國家封閉狀態，儘管家人希望我早點回家，當時評估經濟發展優勢，我決定留下來找工作。

年輕時自己沒有特別想法，因為朋友開餐廳，加上以

> **@感動的一句話**
> 有時人生的變化，除了自己的心境，
> 更有可能是受到大歷史環境影響。

前讀食品加工，因緣際會投入餐飲業當廚師。後來又因朋友介紹，從餐飲轉到室內裝潢，甚至後來還跟朋友一起合資，嘗試一些室內裝潢小生意。

在臺灣工作一段時間後，感覺好像沒有什麼多大的變化，聽到身邊一些朋友開始去澳洲念書、工作。那時澳洲剛開放給臺灣申請簽證，整個社會逐漸流行去澳洲打工度假。剛好我快年滿 30 歲，當時心想，不如藉此機會體驗新的環境，看看不同生活方式會不會增加事業的突破。

其實當年跟臺灣朋友合作室內裝潢生意，已經走上軌道而且生意穩定，但心裡有個聲音告訴我，如果沒有再去闖一闖，可能會錯失更多機會。於是，我勇敢拋下臺灣一切，跑到澳洲探索自己新的人生出口。

二〇一一年到澳洲先申請了打工簽證，工作兩年，又在當地申請職訓學校，多待一年多。澳洲的生活帶給我全新的角度思考人生的意義，不同於臺灣、緬甸的環境氛圍，澳洲的樂活，讓我有新的體會。但年輕躁動的心，待了一段時間就覺得開始乏味。

### 搭上緬甸政府開放浪潮，決定從零開始自主創業

有時人生的變化，除了自己的心境，更有可能是受到大歷史環境影響，我就是一例。

二〇一四年，我從澳洲回緬甸跟家人過農曆新年，那次回去，感受到緬甸不再是過去的緬甸，也是這個契機，讓我決定在緬甸創業，開創自己的新人生。

緬甸從一九六二年就處於軍政府統治之下，二〇一〇年終於結束軍政府統治，展開一系列政治、經濟等領域的民主改革。社會的大動盪，直接受影響的就是人民。二〇一四年回鄉時，我發現緬甸的經濟，以超乎想像的速度不斷蓬勃發展。

你問我怎麼感受到，最直接的案例就是房地產，那時國際的熱錢開始流入緬甸。當時不誇張，早上如果買一塊地，當天下午把它賣掉，短短幾小時而已，那塊土地馬上增值幾百萬緬幣，等於新台幣幾萬元，成長幅度非常驚人。

當時緬甸百廢待舉，你身上如果有幾十萬新台幣要在緬甸做生意，絕對沒有問題。看到自己國家的改變與機會，我知道這次絕對不能錯過，一個地方的發展熱潮只

會有一次，所以我改變計畫，決定不再回澳洲，我要在
緬甸創業，創造我自己的機會。

## 只要你敢賭！快速變換經濟佔有一席之地

　　如果要我描述緬甸現在社會狀態，我會說：「撐死膽
大的，餓死膽小的」。

　　意思是，在緬甸線在高速發展的市場當中，誰敢做、
誰敢賭，誰就有機會獲得高報酬，這是我回到緬甸創業
最大體會。臺灣已經是接近已開發國家，社會經濟已經
經歷過那種大起大落的變化，澳洲更不用說，生活步調
追求舒服安逸。

　　但是，緬甸是各行各業正要起步的局勢，有太多創業
案例，上個月那個人還是無名小卒，因為一次成功投資

> **@感動的一句話**
> 凡事必需有一定的準備及努力,
> 當機會來了因為有先計畫便會成功。

或創業爆發,下個月變成了百萬富翁。所以誰敢跟市場下賭、誰的膽子夠大,帶來的收穫也是難以想像龐大的。

這種創業情況在已開發國家的經濟體是比較難體會,就以股票市場來說,緬甸是這幾年才開放股票,以前都是黑市買賣交易。而前一波當股票正要上市時候,當時敢下注的人,馬上就賺進一波快速財。

這種機遇只會在發展中國家才會出現的歷史性機會,如果賭錯,財產瞬間歸零的情況也是有,所以整個國家呈現一股「撐死膽大的,餓死膽小的」氛圍。

從中學離開緬甸後,我再次踏上這塊土地,相隔已經整整 16 年。

也因為離開緬甸太久,對整體社會環境的商業運作、

國家的產業政策、商務合作模式，等於是從零開始、從頭學起。當時我把澳洲工作存的一筆錢，當作我第一次創業的基金。起初，我想從實業生意開始做起。

## 創業就是越挫越勇，第一次創業試水溫找商機

當時做了市場調查，發現仰光還沒有人提供雞隻宰殺送到府的服務，我看準市場的龐大需求，我把所有資金投入。第一次創業，真的很天真，把這個商業模式想得太理想，雖然投入前看了許多養殖產業的書籍，但理論跟實際還是有很大的差距。

當時我決定經營土雞養殖生意，投入的方式是一條龍經營，我自己買地、買雞、買車、買設備，從圈養、孵蛋、成長、宰殺到配送，全部自己做。但當時沒考量到緬甸物流系統尚未發達，而且光是初期的養殖就需拉長一大段時間，經營一陣子發現，整套自己做的結果就是成本過高。

光是設備、雞隻、送貨車就佔用一大部分成本，同時宰殺後的配送、物流成本也不低，投入一整年計算獲利成果，雖然沒有虧錢，但我馬上直覺感受，這個行業需

要足夠龐大資本，對於一個創業新手，這個產業的發展
性不算好。

即使我們在市場搶得服務模式的先機，同時在客戶經
營也逐漸把口碑傳開，但很明顯，這個商業項目很難有
爆發性成長。雖然沒虧到錢，但我從這個經驗體會到：
緬甸剛開放，各種創業都有機會，但一定要選對產業。

像這種需要大量投資回收慢的業態，就不適合我們這
種小廠家，所以我開始思考有哪些是獲利模式週期性更
快的創業項目？於是我內心被激起越挫越勇的決心，我
告訴自己，我一定要在緬甸闖出一片天。

## 第二次創業失敗收尾，輾轉找到最佳商業模式

第一個創業項目不算失敗，也不算成功，我認為網路
是未來的趨勢，所以我第二個創業跨進房地產線上平
台。這個網路平台簡單來說，就是類似臺灣的「591 租
屋網」，透過網路形式讓消費者在線上瀏覽房型、互動
及交易。

這個行業做一年多，資金燒得差不多，但營收不見起
色，最後以失敗告終。

你問我原因，我觀察最大因素就是消費者習慣還沒養成，因為緬甸人民大多數現在接觸網路都是透過 Facebook 接收資訊，對於使用其他網路平台、甚至 APP，多數沒有養成習慣，自然不習慣操作，所以也沒有所謂的黏著度。

這個項目我認為未來還是有機會，目前就先擱置，等待緬甸網路使用量比例提升後，我相信當所有人對線上商城的使用經驗養成後，還是有機會的。目前緬甸的商業交易、租賃、買賣行為還是以人對人的實體為主，所以網路生意需要時間教育市場，培養信任度。

這次失敗，讓我重新思考創業的態度，絕對不能過度信心，謹慎觀察外在環境的變數。

也是因為這個體會，我展開第三項創業。目前緬甸人

**@感動的一句話**
「創業要有敏感度」，除了準備好，
在管理面，更需注意「魔鬼出在細節裡」。

面對生命的十個感動

　　口約五千多萬，比起鄰近的泰國、越南、印尼都還少，市場規模不算大，只靠一項業務難撐起一間新創公司。

　　所以我的第三個事業，一開始先以房屋租賃、租車及人力資源切入，然後嗅到越來越多外國人到緬甸投資，所以又把服務項目擴大律師事務所。等於是啟動更多業務服務內容，針對不同客戶提供相對應的服務，這樣客人比較不會跑掉。

　　去年經營房地產的人力資源後，接觸的客戶發現越來越多從中國大陸、香港、臺灣的華人企業前來緬甸投資。他們初來乍到，對緬甸的整體市場現況不太了解，所以要諮詢相關房產問題及市場狀況。

　　一年來，我發現律師業務對外來投資人、企業是一項剛性需求，特別在緬甸會講中文的律師比例相當低，對

> **@感動的一句話**
> 創業不能只顧大不抓小，小問題隱藏的魔鬼，
> 更可能危及整間企業。

華人投資者有語言隔閡。發現越來越多人常常上門問：「有沒有會講中文的律師事務所？」

　　正因市場剛需加上前兩次創業的實戰經驗，二〇一八年我們商業模式轉向律師事務所。服務項目主要針對外商到緬甸投資，提供一站式服務，從簽證、市場考察，再到土地取得、工廠建設、物流、關稅、以及當地市場的推銷全都包，另外，針對緬甸本國企業客戶，我們亦成立了電信業務事業體，經營第二類電信，提供 B2B 及 B2C 的電信話務服務。

　　等於從第一步考察到最後一哩路面對消費者，我們提供從頭到尾的一條龍服務。法務只是其中一項，外商企業在緬甸落地後的所有項目，我們提供主業諮詢，也有周邊的輔導，協助外商順利在緬甸落地生根。

### 創業路的人生座右銘，凡事要做好準備等機會

　　經歷三次創業，我有一句人生座右銘，當作創業的指南針。這句話是出自《中庸》：「凡事豫則立，不豫則廢。」

　　意思是說，凡事必需有一定的準備及努力，當機會來

了因為有先計畫便會成功。會有如此感觸，特別是回到緬甸創業的心得，例如針對土地開發、房地產，如果身為創業者沒有自己針對市場資料、政府政策做足功課，往往客戶在一兩天就做決定，當自己無法提供充分資料，往往就是被同行搶走生意。

對我來說客戶還沒出現前，就必須做足準備工作，我也曾因為好幾萬美金的大案子，因為不豫則廢，機會活生生從手中流失。投入創業時間越長，感受越深，當你準備不足，連帶的損失更為強烈。

最近就有血淋淋的案例，中美貿易戰因素，越來越多廠商準備從中國大陸撤退，工廠移往東南亞。加上緬甸在許多國家有免關稅的協定，加上人力便宜，成為東協體系當中投資比例逐漸提升的國家。

正因為大環境因素，市場說變就變，所以更要快速熟悉國家政策法規，以及國際局勢，才能針對外國客戶提供適合的資料報告。又或是跟著政府大方向，彈性擬定策略順應市場變化，才能奪得先機。這就是在緬甸做生意，獨特的文化。

「創業要有敏感度」，除了準備好，在管理面，更需

注意「魔鬼出在細節裡」。

當創業開始有團隊，那就不再是自己一個人往前衝，而是要領航整艘船往對的方向前進。我就曾太過信任聘用的經理人，許多大權直接授予給他處理，我自己不夠細心，沒想到他使用公司文件去外頭借款，造成商業紛爭。

同時也因為他，導致公司曾有一批員工莫名離職。我在管理層面的疏忽，讓我痛定思痛，重擬公司制度，讓員工在每周會議能直接反應公司問題，甚至授權給多位主管，讓他們相互制衡。

創業不能只顧大不抓小，小問題隱藏的魔鬼，更可能危及整間企業。

這個事件之後，回想以前看歷史劇，突然想起為什麼

> **@感動的一句話**
> 信心是我人生的分水嶺，讓我勇敢創業追夢。

皇帝特別讓忠臣、奸臣都留在宮廷，其實有他的用意，讓彼此之間競爭跟制衡，這是我創業後所參透的道理。

創業就像下棋，講究布局，各種棋子調度都有其用意，企業經營才能走得遠。

### 生命曾經領受的感動，自信讓我更勇敢追逐夢想

創業有許多辛酸很難化為文字訴說，但感謝卻是能好好表達的。我感謝家人讓我隻身在外闖蕩十幾年後，回到緬甸創業仍非常支持我，甚至在前幾次創業失利後，他們在財務對我的資助。

因為我十幾歲後就不曾跟他們拿過錢，當時也覺得，創業就是靠自己。但因為一篇文章改變我的思維，謝謝我的家人支持我的創業夢。

　　作為一個從小在戰亂區長大，後來在臺灣、澳洲也親身體驗過不同社會的洗禮。「讀萬卷書，不如行萬里路」自有其道理，也因為人生歷練的累積，讓我逐漸找到自己的自信。

　　信心是我人生的分水嶺，讓我勇敢創業追夢。

　　那位從 17 歲就獨自一人離開出生地，到國外自立自強的小男孩，曾經每天面對生存問題，曾經因小愛情而逼迫自己強大，如今他帶著自信回到緬甸。我想說的是：即使在困難環境裡，也要仍然保有勇於改變生命的衝勁與韌性；期望在日後的事業抓住機遇，我們一起共創雙贏。

@寫下感動備忘錄 MEMO

## One Book Ten Life 3：面對生命的十個感動

**統籌**／卓天仁

**作者**／王譽霖、杜融亭、林子立、周念暉、許朝淵、黃嘉倫、陳振中、陳霆遠、馮儀慧、楊玉平

**封面設計**／許國展

**文字撰寫**／陳薪智

**版型設計**／廖又頤、Vicky

**美術編輯**／張靜怡

**執行編輯**／李寶怡

**企畫選書人**／賈俊國

**總編輯**／賈俊國

**副總編輯**／蘇士尹

**編輯**／高懿萩

**行銷企畫**／張莉滎、廖可筠、蕭羽猜

**發行人**／何飛鵬

**出版**／布克文化出版事業部

台北市民生東路二段 141 號 8 樓

**電話**：02-2500-7008

**傳真**：02-2502-7676

**Email**：sbooker.service@cite.com.tw

**發行**／英屬蓋曼群島商家庭傳媒股份有限公司城邦分公司

台北市中山區民生東路二段 141 號 2 樓

**書虫客服服務專線**：02-25007718；25007719

**24 小時傳真專線**：02-25001990；25001991

**劃撥帳號**：19863813；戶名：書虫股份有限公司

**讀者服務信箱**：service@readingclub.com.tw

**香港發行所**／城邦（香港）出版集團有限公司

香港灣仔駱克道 193 號東超商業中心 1 樓

**電話**：+86-2508-6231　**傳真**：+86-2578-9337

**Email**：hkcite@biznetvigator.com

**馬新發行所**／城邦（馬新）出版集團 Cite (M) Sdn.

Bhd.41, Jalan Radin Anum, Bandar Baru Sri Petaing, 57000 Kuala Lumpur, Malaysia

**電話**：+603-9057-8822　**傳真**：+603-9057-6622

**Email**：cite@cite.com.my

**印刷**／卡樂彩色製版印刷有限公司

**初版**／2019 年 10 月

**售價**／新台幣 350 元

**ISBN**／978-986-5405-13-7

城邦讀書花園
www.cite.com.tw　布克文化 WWW.SBOOKER.COM.TW

# 面對生命的十個感動

ONE BOOK　　　TEN LIFE